Robotik und Recht

Herausgegeben von

Prof. Dr. Dr. Eric Hilgendorf, Universität Würzburg
Prof. Dr. Susanne Beck, LL.M., Universität Hannover

Band 5

Prof. Dr. Dr. Eric Hilgendorf/Sven Hötitzsch
Lennart S. Lutz (Hrsg.)

Rechtliche Aspekte automatisierter Fahrzeuge

Beiträge zur 2. Würzburger Tagung zum Technikrecht im Oktober 2014

Nomos

Die Deutsche Nationalbibliothek verzeichnet diese Publikation in der Deutschen Nationalbibliografie; detaillierte bibliografische Daten sind im Internet über http://dnb.d-nb.de abrufbar.

ISBN 978-3-8487-2100-9 (Print)
ISBN 978-3-8452-6163-8 (ePDF)

1. Auflage 2015

Vorwort

Behindert das Recht die Technik? Eine Frage, die in der Presse in jüngster Zeit insbesondere mit Blick auf das automatisierte Fahren aufgeworfen wird. Schließlich hat auf diesem Gebiet nicht nur ein rasanter technischer Fortschritt stattgefunden; an die Einführung automatisierter Fahrzeuge ist auch die Hoffnung auf verschiedene bedeutende gesellschaftliche Vorteile geknüpft. Allgemein werden etwa deutlich geringere Unfallzahlen und eine verbesserte Mobilität für Menschen mit körperlichen Einschränkungen erwartet.

Erste (teil-)automatisierte Fahrzeuge, die den Fahrer beispielsweise von eintönigen Stop-and-go-Fahrten auf der Autobahn entlasten können, werden schon in den nächsten Jahren serienreif sein. Die absehbare Einführung selbstfahrender Pkw erzeugt jedoch gravierende Rechtsprobleme in nahezu allen berührten Bereichen: Schließlich geht die Majorität der einschlägigen Normen bisher vom Leitbild eines menschlichen Fahrers aus, der die ordnungsgemäße Fahrzeugführung unmittelbar selbst gewährleisten muss. Der Rechtswissenschaft kommt daher eine besondere Verantwortung zu, mögliche Rechtsprobleme frühzeitig zu analysieren und den technischen Fortschritt konstruktiv – wenngleich differenzierend – zu begleiten. Nur so kann vermieden werden, dass das Recht tatsächlich zum Hemmschuh des automatisierten Fahrens wird.

Diesem Anspruch folgend organisierte die Forschungsstelle RobotRecht an der Juristischen Fakultät der Universität Würzburg am 17. und 18. Oktober 2014 die »Zweite Tagung zum Technikrecht« zum Thema »Rechtliche Aspekte der Fahrzeugautomatisierung«. Wie auch schon bei der ersten Tagung lag dabei das Hauptaugenmerk auf einem möglichst barrierefreien Austausch aller relevanten Akteure über das Zusammenspiel von Technik und Recht, der unter reger Beteiligung von Wissenschaftlern, Herstellern, Interessenverbänden und Ministerien stattfand.

Die im Rahmen der Tagung gehaltenen Referate sind in aktualisierter und ergänzter Form im vorliegenden Band abgedruckt. Entsprechend der Facettenvielfalt des Themas spannen die vorliegenden Beiträge inhaltlich einen weiten Bogen rund um das Thema Fahrzeugautomatisierung. Zielsetzung war die größtmögliche Berücksichtigung aller relevanten Problembereiche. Die Gliederung des Bandes folgt den im »Lebenszyklus« eines fiktiven automatisierten Fahrzeugs auftretenden (Rechts-)Problemen von grundsätzlichen Erwägungen im Vorfeld der Zulassung bis hin zu Haftungsfragen bei etwaigen Unfällen: Nach einem engagierten Aufruf von

Tettenborn, automatisiertes Fahren als Chance zu begreifen, folgt eine Darstellung der Automatisierungsstufen sowie der gelösten und noch verbleibenden technischen Herausforderungen durch *Wisselmann*. Im Anschluss gibt *Hilgendorf* einen breiten Überblick über mögliche Rechtsprobleme und zeigt insbesondere auf, dass der Markteinführung automatisierter Fahrzeuge keine durchgreifenden verfassungsrechtlichen Bedenken entgegenstehen. Rechtliche Hürden finden sich dagegen im Zulassungsrecht. Diese sowie die jüngst angestoßenen Änderungsbestrebungen werden von *Lutz* näher erläutert. Eine Zulassung automatisierter Fahrzeuge kann jedoch nur erfolgen, wenn deren Sicherheit gewährleistet ist. Anders als klassische Maschinen müssen diese aber auch in der Lage sein, auf (beliebige) unvorhergesehene Situationen angemessen zu reagieren. Welche Probleme dadurch im Hinblick auf den erforderlichen Sicherheitsnachweis entstehen untersucht der Beitrag von *Wachenfeld*.

Der letzte Problemkomplex beschäftigt sich schließlich mit den haftungsrechtlichen Auswirkungen des automatisierten Fahrens, die *Klindt* unter dem Blickwinkel der Produkt- und Produzentenhaftung beleuchtet. Bei den zunächst zu erwartenden Fahrzeugen mit niedriger Automatisierungsstufe werden sich Mensch und Assistenzsystem die Fahraufgabe noch (in gewissem Umfang) teilen. Kommt es zu einem Schadensfall, kann daher zuweilen unaufklärbar sein, ob dieser durch den menschlichen Fahrer oder die Maschine verursacht wurde. Abhilfe könnte der Einsatz von sog. Event-Data-Recordern schaffen, die Gegenstand des Beitrags von *Schmidt-Cotta* sind. Im Anschluss erläutert *Stadler* versicherungsrechtliche Probleme, denen im Hinblick auf die geltende Versicherungspflicht große Bedeutung zukommt. Da (höher) automatisiertes Fahren voraussichtlich mit einer zunehmenden Vernetzung (etwa Car-to-Car, Car-to-Infrastructure) einhergehen wird, werfen *Kian* und *Tettenborn* schließlich die Frage auf, ob die geltende Haftungsprivilegierung der Provider vor diesem Hintergrund noch zeitgemäß ist.

Wir hoffen, dass dieser Band einen (wenngleich kleinen) Beitrag zur Lösung der Rechtsprobleme des automatisierten Fahrens zu leisten vermag.

Dezember 2014 *Eric Hilgendorf, Sven Hötitzsch und Lennart S. Lutz*

Inhaltsverzeichnis

Grußwort

Dr. Alexander Tettenborn,*
Bundesministerium für Wirtschaft und Energie (BMWi)

Autonomen Systemen gehört die Zukunft. Dieser Tagungsband widmet sich einem wichtigen Teilaspekt: dem autonomen – oder pilotierten – Fahren.[1] Es stellt sich heute nicht mehr die Frage des »Ob«, sondern nur noch die des »Wann«. In fünf bis zehn Jahren werden wir soweit sein. Wird auch das Recht soweit sein? Sind wir Juristen darauf vorbereitet? Hier ein Klares »ja«. Die Magna Charta des Straßenverkehrs, das »Wiener Übereinkommen über den Straßenverkehr (WÜ)« von 1968, das von vielen Staaten ratifiziert worden ist, sieht derzeit noch kein autonomes Fahren vor. Aber die Juristen sind dran. Im März 2014 wurde auf UN Ebene ein Verfahren eingeleitet, das vorsieht, dass Systeme, mit denen ein Pkw automatisiert fährt, zulässig sind, wenn sie jederzeit vom Fahrer gestoppt werden können. Bis Mai 2016 könnte es soweit sein, die Verfahren zur Unterzeichnung sind eingeleitet. Ein erster Schritt. In einigen wichtigen Staaten, wie den USA, gilt das WÜ jedoch nicht. Rein rechtlich wären bereits heute in Teilen der Welt Autopiloten für Kfz möglich. Auch in den USA wird daran intensiv gearbeitet. Es gilt hier daher, so schnell zu sein, dass wir synchron mit der technischen Entwicklung gehen. Wir dürfen den Anschluss nicht durch langwierige Verfahren im Rahmen des WÜ und deren Umsetzung in nationales Recht verlieren. Wir haben hier noch Chancen, die wir nutzen sollten und müssten.

Allerdings reicht das nicht. Es müssen jetzt auch die Ingenieure ran. Die europäischen Zulassungsregelungen für Lenkanlagen (ECE-R 79) sind anzupassen; diese lassen ein autonomes Fahren derzeit nicht zu. In diesem Tagungsband wird auch auf diese Aspekte ausführlich eingegangen.

Wir dürfen auch nicht die Gefahren von Außen ausblenden. Hackerangriffe auf vernetzte autonome System sind bereits jetzt möglich. Hier kön-

* Das Grußwort gibt die persönliche Auffassung des Autors wieder und nicht die des Bundesministeriums für Wirtschaft und Energie.

1 Eine übersichtliche Darstellung der Automatisierungsstufen und eine Gegenüberstellung verschiedener gebräuchlicher Bezeichnungen finden sich im Anhang.

nen und werden wir auf technologischer Ebene Antworten finden. Eine absolute Sicherheit wird es aber nicht geben. Da kommen wieder wir Juristen ins Spiel.

Die Haftungsprivilegierungen der Access-Provider nach §§ 8 - 10 TMG müssen der neuen Realität angepasst werden. Hierzu finden Sie im Tagungsband Lösungsvorschläge.

Das autonome Fahren bietet enorme Chancen. Die Unfallzahlen könnten drastisch sinken. Die Effizienz, z.B. im Lastverkehr, würde erheblich gesteigert werden bei gleichzeitiger erhöhter Sicherheit. Auch ältere Menschen hätten die Chance auf längere Teilhabe am Straßenverkehr und verbesserte Mobilität.

Und der Spaßfaktor? Ich gebe zu, dass ich das autonome Fahren als Spaß empfinden würde, als eine erhebliche Entlastung. Andere möchten lieber selbst fahren. In 50 Jahren könnte das in Teilen der Welt zum Luxus werden. Wir werden sehen. Ich denke aber, unter dem Strich sind autonome Systeme ein Gewinn für unsere Gesellschaft. Nutzen wir diese Chance – auch als Juristen – und arbeiten an guten, praktikablen Lösungen. Hier im Tagungsband ist ein Anfang dazu gemacht.

In diesem Sinne wünsche ich Ihnen viel Spaß beim Lesen.

Technische Fahrzeugentwicklung – Hochautomatisiertes Fahren ab 2020?

Dr. Dirk Wisselmann, BMW Group

Obwohl die Entwicklung von Kraftfahrzeugen untrennbar mit der stetig zunehmenden Automatisierung einzelner Fahrzeugfunktionen verbunden ist, hat sich das grundlegende Rollenspiel zwischen Fahrzeug und Fahrer bis heute nicht verändert. Die Verantwortung für die Erfassung und Interpretation des aktuellen Verkehrsgeschehens und für daraus abzuleitende Handlungen ist vollständig dem Fahrer zugewiesen. Mit der Einführung der sensorgestützten Fahrerassistenzsysteme konnte der Fahrer in dieser Aufgabe zwar bis hin zur sog. Teilautomatisierung, bei der das Fahrzeug die Längs- und Querführung auf Fahrerwunsch temporär ausführt, dabei aber vom Fahrer kontinuierlich überwacht werden muss, unterstützt werden. Sie wurde ihm bislang aber nicht vollständig abgenommen. Dieses wird zukünftig technisch mit der Einführung des sog. »hochautomatisierten Fahrens - HaF« ermöglicht.[1] Die klassischen Aufgaben des Fahrers werden dabei in geeigneten Verkehrssituationen vollständig auf das Fahrzeug übertragen, sodass der Fahrer sich dann theoretisch anderen Aufgaben widmen kann.

Das grundsätzliche Potenzial dieser neuen Fahrzeugfunktionen liegt darin, sowohl die Fahrsicherheit, als auch den Fahrkomfort und die Fahrzeug- und Verkehrseffizienz im Gleichklang zu verbessern. Dies wird im Wesentlichen durch einen elektronischen Horizont erreicht, der auf der bordeigenen Sensorik sowie auf zusätzlichen Informationen, die sich aus der Vernetzung von Fahrzeugen mit der Umwelt ergeben, basiert. Diese elektronische Vorausschau ermöglicht einerseits den angesprochenen »temporären Selbstfahrmodus« des Fahrzeugs in geeigneten Fahrsituationen und unterstützt andererseits den Fahrer beim »konventionellen manuellen Fahren« durch frühzeitige Informationen über vorausliegende Ereignisse und hilft so, kritische Fahrsituationen im Vorfeld zu vermeiden. Die Fahrsicherheit wird somit insgesamt deutlich erhöht.

Eine treibende Größe für die Einführung des hochautomatisierten Fahrens ist die Unterforderung der Fahrer bei lang anhaltenden Fahrten oder

1 Eine übersichtliche Darstellung der Automatisierungsstufen und eine Gegenüberstellung verschiedener gebräuchlicher Bezeichnungen finden sich im Anhang.

bei lästigen Fahrsituationen wie beispielsweise dem morgendlichen Stau im Berufsverkehr. Der neue Ansatz führt dazu, dass der Fahrer zukünftig zwischen den verschiedenen Fahrmodi wechseln kann, wenn er dies möchte. Diese Wahlmöglichkeit erhält auch die heutige Freude am Fahren in schönen, entspannten Fahrsituationen und korreliert mit den technischen Möglichkeiten der Umfelderfassung. Auf Landstraßen und in komplexen Innenstadtszenarien stößt die Umfelderfassung derzeit schnell an ihre Grenzen und ist dem menschlichen Fahrer noch deutlich unterlegen. Demzufolge ist auch das Argument des »Fertigkeitsverlustes« beim hochautomatisierten Fahren rein theoretischer Natur, da auf absehbare Zeit ein sehr hoher Anteil an manuellem Fahren erhalten bleibt. Erst mit dem aus heutiger Sicht deutlich weiter in der Zukunft liegenden Schritt der Vollautomatisierung, bei der der Fahrer von Beginn bis Ende einer Fahrt keinerlei Fahraufgabe mehr hat, wird dieser Punkt relevant.

Der Fahrer muss für die neuen Fahrfunktionen allerdings ein neues Rollenverständnis entwickeln: So führt die Automatisierung dazu, dass er in einzelnen Schritten vom »Ausführenden« beim manuellen Fahren, zum »entlasteten Beobachter« beim teilautomatisierten Fahren und bei der Hochautomatisierung zeitlich begrenzt zum »entlasteten Beifahrer« wird. Eine schrittweise Heranführung der Fahrer ist zur Entwicklung dieses neuen Rollenverständnisses und der damit einhergehenden erforderlichen Akzeptanz erforderlich.

Dies geschieht bei BMW durch die stufenweise Einführung von Funktionen der Teilautomatisierung, die 2013 mit dem Stauassistenten und dem quer- und längsführenden Parkmanöverassistenten 2013 begonnen wurde. Die Automatisierung wird bei BMW in beiden Bereichen »Fahren und Parken« mit dem Ziel erhöht, dass der Kunde diese Funktionalitätssteigerung als »intuitives Gesamterlebnis« wahrnimmt.

Eine große Herausforderung birgt die nächste Ausbaustufe, nämlich die Hochautomatisierung. Bei dieser überträgt der Fahrer die gesamte Fahraufgabe temporär an das Fahrzeug, das alle kritischen Fahrsituationen eigenständig beherrschen muss, bis der Fahrer nach einer angemessenen Zeit die Fahraufgabe wieder übernommen hat. Die technischen Grundlagen wurden bei BMW in Forschungsprojekten tief gehend erarbeitet. Schlüsseltechnologien sind dabei insbesondere die folgenden:

- die Erfassung, Interpretation und Prädiktion der aktuellen Fahrsituation,
- die Bereitstellung von Informationen über die weiter vorausliegende Fahrsituation (z.B. via Backend),

- eine geeignete Soft- und Hardware Architektur unter Betrachtung der »Fail-Operational«-Anforderungen (Sicherstellung der Fahrsicherheit auch im Falle eine Fehlfunktion),
- sowie eine geeignete Mensch-Maschine-Schnittstelle, die den Übergabeprozess der Fahraufgabe an das Fahrzeug und zurück für den Fahrer absolut transparent gestaltet.

Für die Umfelderfassung stehen heute erprobte Sensoren wie Radarsysteme, Videokameras, Laserscanner, Ultraschallsensoren und Nah- und Ferninfrarotkameras zur Verfügung. Damit lässt sich der Bereich um das Fahrzeug vollständig bis in eine Entfernung von einigen hundert Meter erfassen. Über ein sog. Backend können die Fahrzeuge mit zusätzlichen Informationen über den vorausliegenden Streckenabschnitt versorgt werden. Alle diese Informationen werden in einem Umfeldmodell fusioniert, sodass das Fahrzeug eine vollständige elektronische Darstellung der aktuellen Fahrsituation erstellen kann. Wie der menschliche Fahrer analysiert und prädiziert ein HaF-Fahrzeug diese Fahrsituation und plant darauf aufbauend seine Fahrstrategie. Diese wird dann mithilfe einer geeigneten Regelung durch die Fahrzeugaktoren – Lenkung, Bremse und elektronisches Fahrpedal – in eine entsprechende Längs- und Querführung umgesetzt.

Da der Fahrer beim hochautomatisierten Fahren erst nach einer erfolgreich abgeschlossenen Rückübernahme der Fahraufgabe als Rückfallebene bei technischen Defekten im Fahrzeug fungieren kann, kommt der Funktionssicherheit im HaF-Modus eine sehr große Bedeutung zu. Die Soft- und Hardwarearchitekturen sowie alle Systemkomponenten hochautomatisierter Fahrzeuge sind so auszulegen, dass es zu keiner kritischen Fahrsituation im Selbstfahrmodus kommen kann.

Die Anforderungen an eine geeignete Mensch-Maschine-Schnittstelle sind entsprechend abzuleiten. Das Fahrzeug muss dem Fahrer eindeutig signalisieren, dass es »übernahmebereit« ist, d.h. dass das Fahrzeug ein widerspruchsfreies Umfeldmodell »aufbauen« kann und dass alle Systemkomponenten einwandfrei funktionieren. Im Fall eines Fehlers in einer Komponente muss das Fahrzeug dem Fahrer die Fehlfunktion schnell und transparent signalisieren und zur Übernahme auffordern. Erfolgt diese nicht, muss das Fahrzeug ein Notmanöver einleiten und sicher zum Stillstand kommen.

Die grundlegende Realisierbarkeit aller o.g. Anforderungen wurde in einer Reihe von Forschungsprojekten nachgewiesen. Die aktuellen Entwicklungsschwerpunkte liegen beim hochautomatisierten Fahren daher auf der Planung von Feldtests im öffentlichen Straßenverkehr, im Nachweis der positiven Auswirkung auf die Verkehrssicherheit mithilfe sog. Wirksamkeitsanalysen und in der Entwicklung neuer Absicherungsmethoden um eine sichere HaF-Funktion in allen realen Verkehrssituationen gewährleisten zu können.

Teilautonome Fahrzeuge: Verfassungsrechtliche Vorgaben und rechtspolitische Herausforderungen

Prof. Dr. Eric Hilgendorf,
*Universität Würzburg**

A. Die technische Entwicklung als Herausforderung des Rechts

Der Straßenverkehr steht vor einem grundlegenden Wandel: dem Übergang vom personengesteuerten Fahrzeug hin zum weitgehend autonom fahrenden »Roboterauto«.[1] Der Siegeszug teilautonom funktionierender Systeme in Personen- und Lastkraftwagen begann schon vor vielen Jahren mit dem Einbau von Airbags und automatischen Anti-Blockiersystemen. Heute gibt es teilautonome Einparkhilfen, Spurhalte- und Staufahrassistenten. Schon in naher Zukunft wird es technisch möglich sein, die Kontrolle über das Fahrzeug für längere Zeit einem autonomen System zu übertragen, welches selbstständig fahren, bremsen und auch überholen kann.[2] Den gedanklichen und auch technischen Endpunkt dieser Entwicklung bilden Roboterfahrzeuge, welche ihren Fahrgast sprach- oder gestengesteuert ans Ziel bringen, wobei die beförderte Person nach Belieben den Verkehr betrachten, lesen, spielen oder schlafen kann.

Die Rede von »autonomen« Fahrzeugen wird bisweilen missverstanden, da in Teilen der Rechtswissenschaft der Begriff »Autonomie« mit sehr

* Die Vortragsfassung wurde beibehalten und durch Fußnoten ergänzt.

1 Näher zu dieser Entwicklung *Köhler/Wollschläger*, Die digitale Transformation des Automobils, 2014; *Laglstorfer*, Die Zukunft des intelligenten Automobils, 2013; *Meyer/Beiker* (Hg.), Road Vehicle Automation, 2014; *Rubinyi* (Hg.), The Car in 2035. Mobility Planning For The Near Future, 2013; *Siebenpfeiffer* (Hg.), Vernetztes Automobil, 2014; siehe ferner den Überblick in: Der Spiegel Wissen Nr. 4/2014. Das Auto von Morgen. Wie futuristische Technik unser Leben verändert, 2014.

2 Ein anschaulicher Überblick über die zahlreichen Möglichkeiten findet sich in: Das Auto von Morgen, a.a.O. [o. Fn. 1] sowie zusammenfassend im Beitrag von *Wisselmann* (in diesem Band).

weitgehenden philosophischen und teilweise auch metaphysischen Annahmen in Verbindung gebracht wird.[3] Demgegenüber bezeichnet das Wort »autonom« im technischen Kontext nicht mehr als eine (mehr oder weniger weitgehende) Unabhängigkeit von menschlichen Eingaben im Einzelfall.[4] Ein »autonomes System« ist also eine technische Einheit, die bestimmte Aufgaben zielführend lösen kann, ohne dabei auf unmittelbaren menschlichen Input angewiesen zu sein. So wie eine Marssonde nicht auf die (erheblich zeitverzögerte) Steuerung durch Menschen angewiesen sein darf, um funktionieren zu können, so soll auch das autonome Fahrzeug mehr und mehr Aufgaben lösen, ohne dass dies im konkreten Einzelfall durch den menschlichen Fahrer initiiert würde.

Die gesellschaftlichen Auswirkungen der Entwicklung hin zum autonomen Fahren[5] sind ganz überwiegend positiv einzuschätzen. Die große Mehrzahl der Unfälle im Straßenverkehr geht auf menschliches Versagen zurück.[6] Maschinen könnten, wenn die Technik ausgereift ist, ungleich sicherer fahren. Dieser Umstand macht sich schon heute bemerkbar: Der erhebliche Rückgang der Verkehrstoten in Deutschland in den letzten Jahren[7]

3 Autonomiekonzepte dieser Art lassen sich in aller Regel auf die Moral- und Rechtsphilosophie *Immanuel Kants* zurückführen.

4 *Häußling*, Techniksoziologie, 2014, S. 89.

5 Man sollte übrigens nicht übersehen, dass der heutige Pkw bereits eine lange Geschichte der Automatisierung und »Autonomisierung« hinter sich hat; es handelt sich also um alles andere als um eine neue Entwicklung. Schon der Ausdruck »Auto-mobil« (also »Selbst-beweglich« im Gegensatz zur von Pferden gezogenen Kutsche) macht dies deutlich. Zur Geschichte des Automobils und seiner vielen Automatisierungsschübe *König*, Die Geschichte des Automobils, 2010; *Lang*, Eine kurze Geschichte des Automobils, 2013, der die erste Vision eines »selbstbeweglichen Karrens« dem mittelalterlichen Philosophen *Roger Bacon* (1214 – 1292) zuschreibt (a.a.O., S. 8). Der Pkw-Verkehr als Teil des Personenverkehrssystems ist zu unterscheiden vom Güterverkehr und dem Verkehr von und mit Informationen. Beide befindet sich ebenfalls seit jeher in einem Prozess der Automatisierung und Autonomisierung, dazu *Ammoser*, Das Buch vom Verkehr. Die faszinierende Welt von Mobilität und Logistik, 2014, S. 7 ff. Zu den sozialen und wirtschaftlichen Folgen der Verkehrsentwicklung *Merki*, Verkehrsgeschichte und Mobilität, 2008.

6 Genaue Zahlen finden sich im Bericht des Statistischen Bundesamts über den Verkehr/Verkehrsunfälle, Fachserie 8 Reihe 7, abrufbar unter https://www.destatis.de/DE/Publikationen/Thematisch/TransportVerkehr/Verkehrsunfaelle/Verkehrsunfaelle Monat/VerkehrsunfaelleM2080700141074.pdf?__blob.publicationFile; S. 40 ff.

7 Bericht über Maßnahmen auf dem Gebiet der Unfallverhütung im Straßenverkehr 2012 und 2013 (Unfallverhütungsbericht Straßenverkehr 2012/2013), BT-Drucksache 18/2420 vom 26.8.2014, S. 6, 17.

dürfte wesentlich auf den Einsatz teilautonomer Elemente wie Airbags und Anti-Blockiersysteme zurückzuführen sein. Es erscheint nicht ausgeschlossen, dass sich mit dem Einsatz autonomer bzw. teilautonomer Systeme die Zahl der jährlichen Verkehrstoten in absehbarer Zeit sogar in den dreistelligen Bereich hinein verringern lassen könnte.

Daneben stehen noch weitere Vorteile: Mit der Zunahme autonomer Funktionen in Fahrzeugen steigt die Mobilität älterer und behinderter Menschen; vielen von ihnen könnten stärker automatisierte Fortbewegungsmittel überhaupt erst ermöglichen, wieder am öffentlichen Leben teilzunehmen. Ein weiterer Vorteil liegt in der hohen Energieeffizienz teil- oder vollautomatisierter Fahrzeuge. Ferner könnte die Flüssigkeit des Verkehrs gerade in Großstädten[8] wesentlich befördert werden, was wiederum Zeitverlust und Umweltbelastungen z.B. durch Staus senken könnte. Insgesamt dürfte es derzeit kaum eine technische Entwicklung geben, deren Kosten-Nutzen-Bilanz so eindeutig positiv ausfällt. Für eine auf Humanität als Leitwert ausgerichtete Rechtsordnung[9] erscheint die weitere Autonomisierung des Verkehrs deshalb weniger als Problem denn als Chance.

Der Einführung derartige Systeme stehen derzeit allerdings noch vielfältige rechtliche Probleme entgegen. Im Folgenden soll es darum gehen, den Rechtsrahmen autonomer und teilautonomer Fahrzeuge in seinen Grundzügen herauszuarbeiten. Die damit verbundenen Fragen sind schon wiederholt Gegenstand fachjuristischer Erörterung geworden, bemerkenswerterweise jedoch ohne dass die verfassungsrechtliche Seite der Problematik beleuchtet wurde. Die nachfolgenden Erörterungen sollen deshalb mit dieser bislang ausgeblendeten Dimension der Problematik »Autonome Fahrzeuge und das Recht« beginnen.

B. Verfassungsrechtliche Vorgaben

Das Grundgesetz zeigt gegenüber der technischen Entwicklung und den Problemen ihrer rechtlichen Einhegung eine eigentümliche Zurückhaltung. Dies zeigt sich schon daran, dass Begriffe wie »Technik«, »Technologie«

8 Näher zum Konzept einer »smarten Stadt«, in welcher »smarte Fahrzeuge« nur ein Element unter anderen bilden, *Kaczorowski*, Die smarte Stadt – den digitalen Wandel intelligent gestalten, 2014 (S. 125 ff. zur »smarten Mobilität«).

9 *Hilgendorf*, Humanismus und Recht – Humanistisches Recht? Eine erste Orientierung, in: *Groschopp* (Hg.), Humanismus und Humanisierung, 2014, S. 36 – 56.

oder »technischer Fortschritt« im Text der Verfassung nicht auftauchen.[10] Erst recht ist nicht von der notwendigen Kontrolle der Technik die Rede.[11] Unumstritten dürfte sein, dass technische Forschung grundsätzlich der Gewährleistung der Forschungsfreiheit, Art. 5 Abs. 3 GG, unterfällt.[12] Bereits entwickelte Technologien werden grundsätzlich über Art. 14 GG geschützt.[13] Die Nutzung von Technik durch den Verbraucher fällt jedenfalls in den Schutzbereich der allgemeinen Handlungsfreiheit, Art. 2 Abs. 1 GG. Schutzpflichten des Staates gegenüber möglicherweise schädlichen Auswirkungen neuer Technologien lassen sich vor allem aus der objektiven Dimension der Grundrechte herleiten.[14] Dies gilt insbesondere für Technologien mit hohem Schadenspotenzial.[15] Es überrascht deshalb nicht, dass der Straßenverkehr seit jeher detailliert durchreguliert ist und die von ihm ausgehenden Gefahren einer beständigen staatlichen Kontrolle unterliegen. In der verbreiteten Redeweise von der »Sicherheit und Leichtigkeit des Verkehrs«[16] kommt die staatliche Doppelaufgabe – Sicherung des Verkehrs einerseits, Ermöglichung von Mobilität andererseits – besonders deutlich zum Ausdruck.

Diese Grundsätze lassen sich auch auf die Entwicklung autonomer und teilautonomer Pkw und ihren zunehmenden Einsatz übertragen: Die diesbezügliche Forschung ist grundsätzlich frei und wird sogar grundrechtlich geschützt. Allerdings findet die Forschung an und der Einsatz von autonomen Fahrzeugen wegen des ihnen innewohnenden Gefahrenpotenzials von Anfang in einem rechtlichen Rahmen statt, dessen Aufgabe es ist, die von den

10 Es spricht für sich, dass diese Begriffe auch in den Sachregistern der meisten gängigen Großkommentare zum Grundgesetz nicht auftauchen. Im Grundgesetz werden aber immerhin einzelne Aspekte der neueren Technologieentwicklung angesprochen, so etwa in Artikel 13 »technische Mittel« und in Artikel 91 c »informationstechnische Systeme«.

11 Anders in der Literatur, vgl. etwa schon *Oftinger*, Punktationen für eine Konfrontation der Technik mit dem Recht, in: Die Rechtsordnung im technischen Zeitalter. Festschrift der Rechts- und Staatswissenschaftlichen Fakultät der Universität Zürich zum Zentenarium des Schweizerischen Juristenvereins 1861 – 1961, 1961, S. 1 – 34 (unter besonderer Fokussierung auf die Automobiltechnik).

12 *Wendt*, in: *v. Münch/Kunig* (Hg.), Grundgesetzkommentar, 6. Aufl. 2012, Art. 5, Rn. 103.

13 *Bryde*, in: *v. Münch/Kunig*, a.a.O. [o. Fn. 12], Art. 14, Rn. 12, 17.

14 *Von Münch/Kunig*, in: *dies.*, a.a.O. [o. Fn. 12], Vorb. Art. 1 – 19, Rn. 23; BVerfGE 39, 1 (41).

15 Näher zur sog. »Gefahrenvorsorge« *Kunig*, in: *v. Münch/Kunig*, a.a.O. [o. Fn. 12], Art. 2, Rn. 68 m.w.N.

16 So etwa *König*, in: *Hentschel/König/Dauer*, Straßenverkehrsrecht, 42. Aufl. 2013, Einleitung, Rn. 2.

neuen Fahrzeugen möglicherweise ausgehenden Gefahren einzudämmen und im Schadensfall angemessene Ausgleichsregularien bereitzustellen. Der beliebte Satz, das Recht hinke der Entwicklung neuer Technologien stets hinterher, ist also falsch, bestenfalls eine grobe Verkürzung. Technik und Recht verhalten sich eher wie Hase und Igel – die Technik entwickelt sich weit schneller als das Recht, doch das Recht überholen kann sie nicht: Das Recht ist immer schon vor der Technik da.

Es trifft allerdings zu, dass das Recht auf die skizzierte Entwicklung hin zum autonomen Fahrzeug bislang nur unzureichend vorbereitet ist. Die Probleme reichen vom eigentlichen Straßenverkehrsrecht über die zivilrechtliche Haftung für Schäden (mitsamt dem daran anschließenden Versicherungsrecht) und das Strafrecht bis hin zur Providerhaftung und dem Recht des Datenschutzes.[17] Die Probleme sind vielschichtig und teilweise sehr komplex; sie umfassen einfache Anwendungsfragen ebenso wie juristische Grundlagenprobleme. Um sie zu lösen, bedarf es teilweise nur einer erweiterten Subsumtion unter den etablierten Normenbestand; teilweise sind aber auch weitreichende Änderungen de lege lata erforderlich, wenn die neuen Technologien und auf ihnen aufruhende Geschäftsmodelle nicht in einen rechtlichen Graubereich verbannt oder gar als rechtlich unzulässig verboten werden sollen.[18]

Zunächst ist zu prüfen, ob sich aus den verfassungsrechtlichen Vorgaben, insbesondere aus den Grundrechten oder der Menschenwürde, Schranken der hier infrage stehenden technischen Entwicklung aufzeigen lassen. Es ist allgemein anerkannt, dass die Grundrechte nicht bloß Abwehrrechte gegen staatliches Handeln darstellen, sondern auch eine objektivrechtliche Dimension besitzen. Aus dieser objektivrechtlichen Dimension wird eine staatliche Schutzpflicht für zentrale Rechtsgüter wie das menschliche Leben und die körperliche Unversehrtheit hergeleitet.[19] Dies bedeutet u.a., dass der Staat nicht die Entwicklung von Technologien dulden oder gar fördern darf, die die genannten Rechtsgüter in erheblichem Umfang gefährden.

17 Es verdient besondere Beachtung, dass sich die Rechtsfragen, die sich im Zusammenhang mit dem zunehmenden Einsatz autonomer Systeme in allen Bereichen der Gesellschaft stellen, grundsätzlich gleichen. Siehe dazu den Überblick bei *Hilgendorf*, Recht und autonome Maschinen, in: *ders./Hötitzsch* (Hg.), Das Recht vor den Herausforderungen der modernen Technik. Beiträge der 1. Würzburger Tagung zum Technikrecht, 2015 (Robotik und Recht Band 4), S. 11 – 38 (14 ff.).

18 Näher zu den Aufgaben des modernen Technikrechts *Hilgendorf*, Die strafrechtliche Regulierung des Internet als Aufgabe eines modernen Technikrechts, JZ 2012, 825 – 832.

19 Siehe oben Fn. 14 mit zugehörigem Text.

Die nachfolgenden Ausführungen stehen deshalb unter der Prämisse, dass die infrage stehenden Technologien den Straßenverkehr nicht gefährlicher, sondern sicherer machen. Völlige Sicherheit ist nicht erreichbar,[20] doch spricht alles dafür, dass die neuen Systeme den Straßenverkehr jedenfalls signifikant sicherer machen würden, selbst wenn man in Rechnung stellt, dass durch die zu erwartende Vernetzung der teil- und vollautonomen Kraftfahrzeuge neue Gefahrenquellen entstehen.[21] Die Duldung und aktive Förderung der Entwicklung und Einführung autonomer Fahrzeuge verletzt deshalb jedenfalls keine aus den Grundrechten herleitbaren staatlichen Schutzpflichten.

Fraglich könnte sein, ob sich aus der Menschenwürde, Art. 1 GG, Argumente gegen eine weitergehende Automatisierung des Straßenverkehrs herleiten lassen. In den 50er Jahren wurde vertreten, die rechtliche Verpflichtung eines menschlichen Fahrers, vor einer roten Ampel – also einer Maschine – zu stoppen, sei ein Verstoß gegen die Menschenwürde des Fahrers.[22] Diese jedenfalls heute reichlich merkwürdig anmutende Ansicht hat sich seinerzeit nicht durchgesetzt. In der Gegenwart stellt sich das Grundproblem in neuer Weise: Durch die Entwicklung hin zu teil- und vollautonomen Kraftfahrzeugen wird der Mensch im Straßenverkehr aus seiner Akteursrolle gedrängt: Maschinen übernehmen Entscheidungen, die früher dem Menschen vorbehalten waren.

20 Zum damit verbundenen Konzept der »Risikogesellschaft« und dem mit ihr verbundenen Recht *Hilgendorf*, Strafrechtliche Produzentenhaftung in der »Risikogesellschaft«, 1993, S. 17 ff.; *Di Fabio*, Risikoentscheidungen im Rechtsstaat, 1994; *Reus*, Das Recht der Risikogesellschaft. Der Beitrag des Strafrechts zum Schutz vor modernen Produktgefahren, 2010, S. 17 ff.

21 So wie es heute vorkommt, dass von Brücken Steine auf die auf einer Autobahn fahrenden Fahrzeuge geworfen werden, wird es in Zukunft möglich sein, mittels Schadsoftware die Abläufe in einem vernetzten Fahrzeug zu steuern und Unfälle, bis hin zu Massenkarambolagen, hervorzurufen. Der Straßenverkehr wird damit sozusagen zu einem Anwendungsfall der Internetkriminalität.

22 *Schreiter*, Gehorsam für automatische Farbzeichen, DÖV 1956, 693 – 695; dazu auch *Ronellenfitsch*, Verfassungs- und verwaltungsrechtliche Vorbemerkungen zur Mobilität mit dem Auto, DAR 1994, 7 (10), der in Fn. 43 zu Recht darauf hinweist, dass ein Verstoß gegen Art. 1 GG etwa dann vorliegen kann, wenn staatliche Verbote Behinderte vom Luftverkehr, also der Nutzung einer bestimmten Technik, ausschließen. Dass das Unbehagen gegenüber automatisierten Ampelzeichen in eingeschränkter Hinsicht immer noch virulent ist, zeigt der offenbar ernst gemeinte Vorschlag einiger Dortmunder Politiker, den »Verkehrsmännchen« an Ampeln aus Gleichstellungserwägungen auch ein weibliches Pendant, also quasi »Verkehrsweibchen«, zur Seite zu stellen, vgl. die vdi-Nachrichten vom 28.11.2014, S. 17.

Es erscheint jedoch verfehlt, hierin eine Verletzung von Menschenwürde sehen zu wollen. Nicht alles, was uns möglicherweise bedenklich stimmt oder politisch missfällt, ist deshalb schon ein Verstoß gegen Art. 1 GG. Die Menschenwürdegarantie ist kein Bollwerk des technologischen Konservativismus oder gar der Technikfeindlichkeit. Die Aufgabe des Menschenwürdeartikels liegt vielmehr darin, als letzte Schutzmauer um den Kern des Humanen Extremverletzungen wie rassistisch begründeten Massenmord, Sklaverei und Folter zu verhindern.[23] Einschränkungen der menschlichen Akteursrolle im Straßenverkehr gehören bei Weitem nicht in diese Kategorie. Auch die Tatsache, dass durch die skizzierte Entwicklung der Fahrzeugnutzer möglicherweise nicht mehr primäres Haftungssubjekt im Straßenverkehr sein wird, ist nicht als Grundrechts- oder gar Menschenwürdeverstoß zu werten.[24] Eine Kollision der neuen Techniken mit der grundgesetzlichen Menschenwürdegarantie existiert deshalb nicht.

Interessanter erscheint die Frage, ob der Einzelne eines Tages rechtlich bindend verpflichtet werden könnte, sich der neuen Techniken zu bedienen. Ausgehend von der Prämisse, dass die Einführung teil- und vollautonomer und vernetzter Kraftfahrzeuge den Straßenverkehr sicherer machen wird, lässt sich vermuten, dass die Sicherheit des Straßenverkehrs insgesamt mit der Zunahme des prozentualen Anteils derartiger Pkw und Lkw zunimmt. Dies bedeutet im Umkehrschluss, dass Altfahrzeuge ohne die entsprechenden Techniken in zunehmendem Maße als nicht mehr zu duldende Gefahrenquellen angesehen werden könnten.[25] Dürfte also der Staat per Gesetz die Nutzung nicht hinreichend ausgerüsteter Fahrzeuge beschränken oder ganz verbieten?

Diese Frage ist, jedenfalls soweit es um teil- oder vollautonome Fahrzeuge geht, derzeit noch nicht akut. Sie lässt sich jedoch ohne Weiteres auch auf andere moderne technische Ausstattungen von Fahrzeugen übertragen. Darf der Staat, um die Sicherheit und Leichtigkeit des Verkehrs zu fördern, die Freiheit der Bürgerinnen und Bürger, ein Fortbewegungsmittel ihrer

23 *Hilgendorf*, Problemfelder der Menschenwürdedebatte in Deutschland und Europa und die Ensembletheorie der Menschenwürde, Zeitschrift für evangelische Ethik, 2013, 258 - 271.

24 Gelegentlich stößt man in politischen Debatten auf das Argument, es verstoße gegen das »Schuldprinzip«, den Menschen per se als Haftungssubjekt zu verdrängen. Dieses Argument überzeugt jedoch schon deshalb nicht, weil hier offenbar gar kein individueller Mensch betroffen ist, sondern nur eine generelle Entwicklung als (moralisch?) problematisch gekennzeichnet werden soll.

25 Eine parallele Diskussion gibt es derzeit schon im Hinblick auf die Tageslichtpflicht von Pkw, welche bislang nur für neu zugelassene Fahrzeuge gilt.

Wahl zu nutzen, einschränken? Erinnert sei in diesem Zusammenhang an das schon vor längerer Zeit von *Ronellenfitsch* herausgearbeitete »Recht auf Mobilität«.[26] Sein Vorschlag wurde zwar mehrfach kritisiert, doch kann es m.E. keinen Zweifel daran geben, dass die Grundrechte ein »Recht auf Mobilität« tatsächlich festschreiben. Ob es erforderlich ist, ein solches subjektives Recht als selbstständiges Grundrecht zu etablieren, bleibe dahingestellt. Handelt es sich beim »Recht auf Mobilität« um ein durch Grundrechte (v.a. Art. 2 Abs. 1 GG) geschütztes subjektives Recht, so muss jeder staatliche Eingriff in die Fortbewegungsfreiheit seiner Bürgerinnen und Bürger – auch in die Fortbewegung mittels Automobil – dem Verhältnismäßigkeitsgrundsatz genügen. Dies gilt dann auch für das Verbot, mit nicht hinreichend vernetzten und mit autonomen Funktionen ausgestatteten Alt-Pkw zu fahren. Die Frage soll hier nicht im Detail ausdiskutiert werden, doch scheint mir, dass der Staat bei einem Verbot nicht-automatisierter Fahrzeuge zumindest beträchtliche Argumentationslasten zu überwinden hätte.

Die Themenstellungen, die derzeit besonders auf den Nägeln zu brennen scheinen, sind das Recht des Straßenverkehrs (insbesondere das Wiener Übereinkommen und die StVO), die Halter- und die Fahrerhaftung, sowohl in zivil- wie in strafrechtlicher Hinsicht, wegen der Vernetzung der Fahrzeuge des Weiteren die Providerhaftung und schließlich das Recht des Datenschutzes. Quasi als Annex des Haftungsrechtes kann die Fortentwicklung des Versicherungsrechtes thematisiert werden.

C. Das Recht des Straßenverkehrs

Das deutsche Straßenverkehrsrecht beruht zu wesentlichen Teilen auf dem Wiener Übereinkommen über den Straßenverkehr aus dem Jahr 1968 (WÜ). Ziel dieses völkerrechtlichen Abkommens ist die Sicherung des Straßenverkehrs durch internationale Standardisierung der Regelungen. Im Zu-

26 *Ronellenfitsch*, Beschleunigung der Verkehrswegeplanung, in: Deutsche Akademie für Verkehrswissenschaft (Hg.), 30. Deutscher Verkehrsgerichtstag, 1992, S. 258 ff.; *ders.*, Mobilität mit dem Auto, DAR 1994, 7 – 13; eingehend *ders.*, Die Verkehrsmobilität als Grund- und Menschenrecht. Betrachtungen zur »zirkulären« Mobilität in der Europäischen Union, in: Jahrbuch des öffentlichen Rechts der Gegenwart, Band 44 (1996), S. 167 – 203 (insbes. 182 f.); kritisch etwa *Sendler*, Wundersame Vermehrung von Grundrechten – insbesondere zum Grundrecht auf Mobilität und Autofahren, NJW 1995, 1468 – 1469.

sammenhang mit der Einführung teilautonomer Systeme in das Recht werden vor allem zwei Bestimmungen diskutiert: § 8 WÜ, der für Fahrzeuge das Erfordernis eines Fahrers festlegt, und § 13 WÜ, welcher vorschreibt, dass der Fahrer sein Fahrzeug unter allen Umständen beherrschen können muss.[27] Aus diesen Bestimmungen wird von der h.M. geschlossen, dass Fahrzeuge zum einen von einem menschlichen Fahrer gesteuert werden müssen und zum anderen, dass der Fahrer das Fahrzeug jederzeit beherrschen können muss. Im Frühjahr 2014 haben die Regierungen von Belgien, Deutschland, Frankreich, Österreich und Italien eine Änderung des WÜ auf den Weg gebracht,[28] die in der Tagespresse teilweise als Durchbruch auf dem Weg zu einer vorbehaltlosen Zulassung autonomer Pkw und Lkw in Deutschland interpretiert wurde. Inhalt der Regelung ist, dass solche fahrerunterstützenden Systeme, die vom zuständigen UN-Gremium als technisch einwandfrei akzeptiert werden, auch den Anforderungen der Artt. 8 und 13 des WÜ genügen sollen.[29]

Allerdings ist zu beachten, dass das WÜ als völkerrechtlicher Vertrag für die Autofahrer und Pkw-Hersteller in Deutschland ohnehin nicht unmittelbar gilt. Die Zulässigkeit teilautonomer Systeme in Pkw bemisst sich vielmehr zunächst an den nationalen Regelungen im StVG und vor allem in der StVO, welche beide unverändert von dem Leitbild eines das Fahrzeug beherrschenden menschlichen Fahrers ausgehen. Besonders deutlich wird dies etwa an § 3 StVO.[30] Eine Änderung des WÜ ändert an dieser Rechtslage erst einmal nichts. Erforderlich ist vielmehr eine Umsetzung etwaiger neuer völkerrechtlicher Vorgaben in das nationale deutsche Recht, mit welcher erst nach Abschluss des völkerrechtlichen Änderungsverfahrens in etwa einem Jahr zu rechnen ist – es sei denn, die Bundesregierung würde entscheiden, die völkerrechtlichen Änderungen nicht abzuwarten. Eine zu schnelle Änderung des deutschen Straßenverkehrsrechts mit dem Ziel der Zulassung

27 Überblick über die bisherige Diskussionslage bei *Hötitzsch/May*, Rechtliche Problemfelder beim Einsatz automatisierter Systeme im Straßenverkehr, in: *Hilgendorf* (Hg.), Robotik im Kontext von Recht und Moral, 2014 (Robotik und Recht Band 3), S. 189 – 210.

28 Für einen Überblick über die neuesten Entwicklungen vgl. den Beitrag von *Lutz* in diesem Band.

29 Völkerrechtlich ist eine solche Klausel nicht unproblematisch, weil sie letztlich eine Kernregelung des WÜ quasi durch die Hintertür verändert.

30 § 3 Abs. 1 StVO regelt, dass der Fahrzeugführer nur so schnell fahren darf, dass das Fahrzeug ständig beherrscht wird. Dem liegt offensichtlich das Leitbild eines menschlichen Fahrers zugrunde. Dasselbe gilt z.B. für die §§ 4 (Abstand), 5 (Überholen) und 23 (sonstige Pflichten).

teilautonomer und autonomer Fahrzeugsysteme wäre allerdings möglicherweise völkerrechtswidrig und würde zumindest bei den übrigen Vertragspartnern des WÜ Befremden erregen.

Bis zu der formalen Änderung des WÜ und des deutschen Straßenverkehrsrechts lässt sich eine Vereinbarkeit teilautonomer und autonomer Fahrzeuge mit den rechtlichen Vorgaben nur auf dem Wege einer weiten und technikfreundlichen Interpretation der relevanten Bestimmungen vertreten, wie sie etwa *Bewersdorf* schon im Jahr 2005 vorgestellt hat.[31]

D. Zivilrechtliche Haftung

Die Haftung für mögliche Schäden im Straßenverkehr beruht zum einen auf dem Recht der unerlaubten Handlung, § 823 BGB, zu der u.U. noch eine vertragliche Haftung und andere Formen der Produkthaftung treten.[32] Zum anderen existiert in § 7 StVG eine speziell auf den Straßenverkehr zugeschnittene Gefährdungshaftung für Halter von Fahrzeugen, welche für Fahrer in § 18 StVG von einer besonders konzipierten Form der Verschuldenshaftung ergänzt wird.[33] Die genannten Normen gelten unabhängig davon, ob das schadensursächliche Fahrzeug über autonome Funktionen verfügt oder nicht. Gesetzlicher Änderungsbedarf besteht erst einmal nicht.[34]

31 *Bewersdorf*, Zulassung und Haftung bei Fahrerassistenzsystemen im Straßenverkehr, 2005. M.E. war die technikfreundliche Argumentation der Autorin sehr gut vertretbar. Bedauerlicherweise überwogen in der nachfolgenden Diskussion aber die Vertreter einer restriktiveren Ansicht, sodass nun eine Änderung des Wiener Übereinkommens und sodann auch des deutschen Straßenverkehrsrechts zumindest zu Zwecken der Klarstellung erforderlich erscheint.

32 Näher dazu der Beitrag von *Klindt* in diesem Band.

33 Es handelt sich um eine Haftung wegen vermuteten Verschuldens; durch den Nachweis fehlenden Verschuldens kann sich der Fahrer entlasten, vgl. OLG München VersR 2003, 159, wohingegen verbleibende Unklarheiten zu seinen Lasten gehen, BGH NJW 1974, 1510.

34 Dies könnte sich ändern, wenn die eingesetzten autonomen Systeme einen so hohen Grad an »Selbstentscheidungsfähigkeit« gewonnen haben, dass eine Zurechnung durch sie bewirkter Schäden an »dahinter« stehende natürliche Personen (Hersteller, Nutzer usw.) schwierig wird. Für derartige Konstellationen ließe sich an die Einführung einer Eigenhaftung der Maschinen denken, dazu *Hilgendorf*, Recht und autonome Maschinen a.a.O. [o. Fn. 17], S. 15 f.; ausführlich *Beck*, Über Sinn und Unsinn von Statusfragen. Zu Vor- und Nachteilen der Einführung einer elektronischen Person, in: *Hilgendorf/Günther* (Hg.), Robotik und Gesetzgebung. Beiträge der Tagung vom 7. bis 9. Mai 2012 in Bielefeld, 2013 (Robotik und Recht, Band 2), S. 239 – 260.

Problematisch könnte sein, dass durch den Einbau autonomer Funktionen zwar die Unfallhäufigkeit insgesamt abnimmt (weil menschliches Versagen als Unfallursache zurückgedrängt wird), dass aber andererseits die Zahl der Fälle, in denen nicht der Halter oder der Fahrer, sondern der Hersteller in Anspruch genommen werden kann, zunimmt. Dies liegt daran, dass nicht mehr das Verhalten des Fahrers, sondern die Funktion des autonomen Systems als unfallursächlich gesehen werden kann und der Zurechnungszusammenhang über das System auf den Hersteller des Systems zurückgeführt wird. Dies bedeutet im Ergebnis eine Zunahme der Fälle potenzieller Produzentenhaftung. Vor allem für Hersteller und Versicherungen könnte dieses Phänomen eine große Rolle spielen.[35]

E. Strafrecht

Neben die zivilrechtliche Haftung für Schäden im Straßenverkehr tritt die strafrechtliche Verantwortlichkeit für solche Verhaltensweisen, die den Tatbestand eines Strafgesetzes erfüllen. Als Verantwortliche kommen in erster Linie die Fahrer, aber auch die Verkäufer und Hersteller autonomer Fahrzeuge in Betracht. Besonders relevant ist der Tatbestand der fahrlässigen Körperverletzung, § 229 StGB. Angenommen, ein Einparkassistent verletzt beim Einparken ein auf der Straße spielendes Kleinkind, welches infolge einer Verschmutzung an den Sensoren für den Bordcomputer nicht sichtbar war. Die Tatbestandsmerkmale »Handlung« (Übertragung des Einparkvorgangs an den Computer), »Erfolg« (Körperverletzung beim Kind) und »Kausalität« zwischen Handlung und Erfolg sind gegeben. Fraglich ist aber, ob der Fahrer im Zusammenhang mit dem Einparkvorgang fahrlässig gehandelt hat. Fahrlässig handelt, wer die im Verkehr erforderliche Sorgfalt außer Acht lässt, § 276 BGB. Welche Sorgfaltsanforderungen sind also an den Fahrer zu stellen?

Methodisch wie sachlich fehlerhaft wäre es, den Grad der im Einzelfall erforderlichen Sorgfalt ohne Weiteres aus den Definitionen unterschiedlicher Automatisierungsgrade herleiten zu wollen. Einer dieser Vorschläge, entwickelt von der deutschen Bundesanstalt für Straßenwesen (BASt) sieht vor, zwischen den Stufen »Driver only«, »Assistiert«, »Teilautomatisiert«,

35 Näher zu den Herausforderungen des Versicherungsrechts im Zusammenhang mit dem zunehmenden Einsatz autonomer Systeme im Straßenverkehr der Beitrag von *Stadler* (in diesem Band).

«Hochautomatisiert« und »Vollautomatisiert« zu unterscheiden.[36] Bei der Kennzeichnung der einzelnen Automatisierungsgrade finden sich Formulierungen wie »Der Fahrer muss jederzeit zur vollständigen Übernahme der Fahrzeugführung bereit sein« (beim assistierten Fahren) oder »Der Fahrer muss das System … nicht überwachen« (beim vollautomatisierten Fahren).[37] Derartige Klassifizierungen sind außerordentlich nützlich, helfen sie doch, den Sprachgebrauch zu klären und unterschiedliche Problemtypen auseinanderzuhalten. Man sollte jedoch nicht übersehen, dass die zitierten normativen Aussagen auf bestimmten Definitionen, also Festsetzungen, beruhen, deren Ziel es lediglich ist, Automatisierungsgrade festzulegen. Es wäre zirkulär, aus diesen Festlegungen nun wiederum Sorgfaltspflichten für den Umgang mit Fahrzeugen der verschiedenen Klassifikationsstufen ableiten zu wollen. Welche Sorgfaltspflichten gelten, ergibt sich nicht aus Festlegungen der Bundesanstalt für Straßenwesen oder anderer sachverständiger Einrichtungen im In- oder Ausland (die dafür gar nicht zuständig sind), sondern aus den Vorgaben des deutschen Rechts, deren Konkretisierung und Anwendung auf den Einzelfall den Gerichten anvertraut ist. So wäre es etwa ohne Weiteres möglich, dass der Fahrer eines vollautomatisierten Fahrzeugs im Einzelfall die Pflicht hat, sein Fahrzeug dauerhaft zu überwachen.

Man wird davon ausgehen dürfen, dass die Rechtsprechung gerade im Zusammenhang mit Personenschäden noch auf längere Zeit dazu tendieren wird, beim automatisierten Fahren sämtlicher Klassifikationsstufen hohe Kontrollanforderungen zu stellen. Im oben geschilderten Fall hätte sich also der Fahrer auch während des Einparkvorgangs vergewissern müssen, dass die Parklücke tatsächlich frei ist. Außerdem müssen die Elemente des autonomen Systems im Fahrzeug regelmäßig auf ihre Funktionsfähigkeit hin überprüft werden. Im vorliegenden Fall könnte man dem Fahrer deshalb möglicherweise vorwerfen, die Fahrzeugsensoren nicht ordnungsgemäß überprüft zu haben. Damit ergibt sich folgendes Dilemma: Einerseits werden autonome Systeme eingebaut, um den Fahrer von Fahraufgaben zu entlasten. Andererseits bleibt der Fahrer verpflichtet, die Erfüllung der Fahraufgaben durch das autonome System zu kontrollieren und erforderlichenfalls korrigierend einzugreifen. Es ist ihm also nicht gestattet, sich anderen

36 Eine übersichtliche Darstellung der Automatisierungsstufen und eine Gegenüberstellung verschiedener gebräuchlicher Bezeichnungen finden sich im Anhang.

37 *Gasser et al.*, Rechtsfolgen zunehmender Fahrzeugautomatisierung. Gemeinsamer Schlussbericht der Projektgruppe, 2012, S. 9 (Berichte der Bundesanstalt für Straßenwesen, Fahrzeugtechnik, Heft F 83).

Tätigkeiten (wie dem Lesen von E-Mails oder dem Betrachten eines Films) zuzuwenden, geschweige denn nebenher zu arbeiten oder zu schlafen. Man könnte von einem »*Kontrolldilemma*« sprechen.[38] Der mögliche Nutzen autonomer Systeme für den Fahrer (nicht für die Sicherheit des Straßenverkehrs im Ganzen) wird damit merklich verringert.

Eine Änderung der Sorgfaltsanforderungen ist erst dann zu erwarten, wenn autonome Systeme über einen längeren Zeitraum hinweg erfolgreich und ohne negative Wirkungen in Pkw und Lkw eingesetzt worden sind. Systeme, die erfahrungsgemäß ausfallsicher sind und tadellos funktionieren, müssen nicht permanent überwacht werden. Zusätzliche Überwachungs- und Assistenzsysteme, die dem Fahrer Probleme an den autonomen Fahrsystemen melden und ihn bei der Problembehandlung unterstützen, könnten die Sorgfaltsanforderungen weiter verringern. Bis es aber soweit ist, dass bestimmten autonomen Funktionen des Bordcomputers vorbehaltlos und ohne permanente Kontrollpflicht vertraut werden darf, werden noch viele Jahre – möglicherweise Jahrzehnte – vergehen. Man wird insofern eine Parallele zum Einsatz von Fahrstühlen, also dem autonomen Transport in vertikaler Richtung, ziehen dürfen: Während die Nutzung von Fahrstühlen zu Beginn ihrer Entwicklung durchaus mit gewissen Gefahren verbunden war, sodass etwa bei der Mitnahme eines Kindes besondere Sorgfaltspflichten zu beachten waren, sind Fahrstühle inzwischen so sicher, dass ihre Nutzung kaum noch besondere Sorgfaltspflichten entstehen lässt.[39]

F. Die Haftung der Provider

Bislang zu wenig diskutiert wurde die Haftung der Provider im Zusammenhang mit den besonderen Formen künftiger Mobilität. Fahrzeuge werden nicht bloß zunehmend autonomer, sie sind auch mehr und mehr miteinander vernetzt und tauschen Daten miteinander und mit Datenspeichern außerhalb des Straßenverkehrs aus.[40] So können Fahrzeuge schon heute aus dem Internet Informationen über die Verkehrslage, Straßenpläne oder Wetterdaten beziehen. Dasselbe gilt für Audio- und evtl. auch Videodateien. Noch sind

38 Siehe dazu schon *Hilgendorf*, Autonome Autos – Wer haftet für Roboter?, 21.07.2014, abrufbar unter http://www.lto.de/recht/hintergruende/h/autonome-autos-google-car-haftung-verkehrsrecht.

39 Anders allenfalls bei der Nutzung von »Paternoster-Aufzügen«, die in einigen älteren Gebäuden Deutschlands noch in Dienst sind.

40 Vgl. dazu vor allem die Beiträge in *Siebenpfeiffer*, a.a.O. [o. Fn. 1].

die Fahrer rechtlich verpflichtet, ihre Aufmerksamkeit dem Straßenverkehr zu widmen.[41] Sobald jedoch eine Freistellung von konkreten Fahr- und Überwachungsaufgaben möglich und zulässig sein wird, dürfte der Bedarf an Unterhaltungssoftware – vom Musiktitel über Filme bis hin zu Online-Spielen – ansteigen.

Bis eine so weitgehende Freistellung des Fahrers erreicht sein wird, werden allerdings wohl noch einige Jahrzehnte vergehen. Schon heute stellt sich die Frage nach der strafrechtlichen Verantwortlichkeit, wenn über fremde Server z.B. Verkehrs- oder Wetterinformationen bezogen werden, die mit Schadsoftware angereichert sind. Derartige Schadsoftware könnte es etwa möglich machen, Fahrzeuge vom Internet abzuschneiden, ihren Kurs zu beeinflussen oder sie sogar in Unfälle zu verwickeln. Grundsätzlich wird man für Schädigungen dieser Art die Urheber der Schadsoftware zur Verantwortung zu ziehen haben. Wie immer, wenn das Internet als Tatmittel eingesetzt wird, stellt sich aber auch die Frage nach der Verantwortlichkeit derer, die den Tätern den Zugang zum Internet vermittelt oder die Schadsoftware auf eigenen Speichern den Pkw-Fahrern zur Verfügung gestellt haben.

Ausgehend von der europäischen E-Commerce-Richtlinie[42] legt das deutsche Telemediengesetz fest, dass diejenigen, die eigene Daten auf eigenen Servern abspeichern und für die Nutzer bereithalten, uneingeschränkt haften. Wer fremde Daten auf eigenen Servern speichert und den Nutzern zur Verfügung stellt, haftet nur dann, wenn er positiv wusste, dass es sich bei den abgespeicherten Daten um Schadsoftware handelte. Wer nur den Zugang zum Internet eröffnet, haftet für die darin befindlichen rechtswidrigen Inhalte grundsätzlich nicht, es sei denn, dass er sich mit den Urhebern der rechtswidrigen Inhalte kollusiv verbunden hat.[43] Diese Grundsätze gelten auch für miteinander vernetzte (teil-)autonome Fahrzeuge und die durch sie von externen Speichern bezogenen Daten. Es wird zu klären sein, ob sich die Privilegierung der Zugangsprovider auch für den Fall aufrechterhalten lässt, dass Dritte den Provider über rechtswidriges und möglicherweise kriminelles Verhalten eines seiner Kunden informieren.[44] Vieles

41 Siehe oben V.

42 http://ec.europa.eu/internal_market/e-commerce/directive/index_de.htm.

43 Näher zur Providerhaftung und den zugrundeliegenden europäischen Vorgaben *Hilgendorf/Valerius*, Computer- und Internetstrafrecht, 2. Aufl. 2012, S. 56 ff.

44 Dies wird von einem Teil der Rechtslehre angenommen, wobei sich freilich schon de lege lata bei genauer Gesetzeslektüre ein anderes Resultat ergibt, dazu *Hilgendorf/Valerius*, a.a.O. [o. Fn. 42], S. 66 ff.

spricht dafür, dass sich manche früher möglicherweise sinnvolle Haftungsprivilegierungen angesichts des dramatisch gesteigerten Schädigungspotenzials von Angriffen auf vernetzte Fahrzeuge und ganze Verkehrsinfrastrukturen nicht mehr werden halten lassen.[45]

G. Recht des Datenschutzes

Besonders große Herausforderungen ergeben sich für den Datenschutz. Je weniger Fahrzeuge von Menschen kontrolliert und gesteuert werden, desto größer wird der Bedarf nach sicheren Daten, mittels derer der Pkw oder Lkw die anstehenden Fahraufgaben bewältigen kann. Das Fahrzeug benötigt deshalb eine Vielzahl von Sensoren, die ununterbrochen Daten aufnehmen und verarbeiten. Darunter werden sich mit Sicherheit auch zahlreiche personenbezogene oder zumindest auf Personen beziehbare Daten befinden. Das automatisierte Fahrzeug wird so zu einer höchst leistungsfähigen mobilen Datensammelstelle. Es ist noch ungeklärt, wie das Fahrzeug mit den aufgenommenen personenbezogenen Daten umgehen muss. Dürfen Daten über in der Vergangenheit liegende Fahrsituationen gespeichert werden? Wem stehen die im Fahrzeug gespeicherten Daten zu – dem Fahrer, dem Halter, dem Hersteller, einem Reparatur- oder Wartungsunternehmen oder einer anderen Stelle? Unter welchen Voraussetzungen darf die Staatsanwaltschaft auf im Pkw abgespeicherte Daten zugreifen?[46]

Schwierige Fragen ergeben sich auch deshalb, weil heute aus fast beliebigen Daten personenbezogene Informationen gewonnen werden können (sog. Data-Mining). Dies führt dazu, dass grundsätzlich alle Daten potenziell Relevanz besitzen. Es gibt deshalb Bestrebungen, sämtliche im Pkw gewonnenen Daten abzuspeichern und an Dritte zu übertragen, die diese Daten zu Zwecken der Datenanalyse benutzen. Man spricht in diesem Zusammenhang auch von »Big Data«.[47] Derartige Tendenzen laufen wesentlichen

45 Dazu *Kian/Tettenborn* (in diesem Band).

46 Zum damit eng verbundenen Problem der Einführung eines Unfalldatenspeichers *Schmidt-Cotta* (in diesem Band). Um bei der rechtlichen Aufarbeitung von Verkehrsunfällen zeit- und kostenraubende Auseinandersetzungen zu vermeiden, spricht viel dafür, im Zusammenhang mit der zunehmenden Automatisierung von Pkw und Lkw den Einbau eines automatischen Unfalldatenspeichers gesetzlich vorzuschreiben.

47 *Hilgendorf*, Recht und autonome Maschinen, a.a.O. [o. Fn. 17], S. 18 f.; ausführlich *Mayer-Schönberger/Cukier* (Hg.), Big data. A revolution that will transform how we live, work and think, 2013.

Grundsätzen des überkommenen deutschen Datenschutzrechtes, etwa den Prinzipien der Datensparsamkeit und der Zweckbindung von Daten, zuwider. Ob es gelingt, die neue Generation von datensammelnden Fahrzeugen mit dem deutschen Datenschutzrecht in Einklang zu bringen, ist noch offen. Wahrscheinlicher ist, dass uns die technische Entwicklung die Entscheidung abverlangt, entweder das Datenschutzrecht grundlegend zu reformieren[48] oder aber so gewaltige Vollzugsdefizite in Kauf zu nehmen, dass von einem wirksamen Schutz des Rechts auf informationelle Selbstbestimmung[49] wenig übrig bleibt.[50]

H. Algorithmen des Todes

Besondere Probleme stellen sich schließlich im Hinblick auf autonome Systeme, die dem Fahrer in Unfallsituationen beistehen sollen. Bei drohenden Kollisionen können autonome Systeme wesentlich rascher die relevanten Informationen aufnehmen und über mögliche Handlungsalternativen entscheiden, als dies ein Mensch könnte. Angenommen, ein mit einem autonomen Unfallvermeidungssystem ausgestatteter Pkw gerät auf der Autobahn bei hoher Geschwindigkeit in folgendes Dilemma: Er kann entweder den Kurs halten und zwei plötzlich auf der Fahrbahn auftauchende Kinder töten, oder er wendet nach links und beschädigt die Leitplanke.[51] Grundsätzlich gilt hier der Grundsatz der Schadensminimierung: Der Bordcomputer muss also so eingestellt sein, dass er den geringeren Schaden dem höheren vorzieht, hier also die Sachbeschädigung.

Die Einstufung von Schäden kann freilich erhebliche Probleme aufwerfen, etwa dann, wenn zwei Körperverletzungen an unterschiedlichen Personen gegeneinander abgewogen werden müssen. Noch nicht gelöst ist das Problem, wie zu entscheiden ist, wenn in den skizzierten Unfallsituationen Leben gegen Leben steht.

48 Zu denken wäre etwa an eine Abkehr von der überholten Unterscheidung zwischen personenbezogenen und nicht personenbezogenen Daten – für die modernen Formen des Data Mining sind fast alle Daten bei hinreichendem Aufwand auf konkrete Personen beziehbar – und die Entwicklung eines feinmaschigeren gestuften Schutzmodells, in welchem Daten nach ihrer Bedeutung in unterschiedliche Schutzklassen eingeteilt werden.

49 BVerfGE 65, 1 ff.

50 *Hilgendorf*, Recht und autonome Maschinen, a.a.O. [o. Fn. 17], S. 19, 28 f.

51 Eingehend zu den damit verbundenen Fragen *Hilgendorf*, Recht und autonome Maschinen, a.a.O. [o. Fn. 17], S. 20 ff.

Das deutsche Recht steht grundsätzlich auf dem Standpunkt, dass Lebenspositionen nicht gegeneinander abgewogen werden dürfen und dass jedes einzelne Leben einen Höchstwert darstellt, sodass ein Leben nicht mehr »wiegen« kann als ein anderes Leben. Aber soll dieser Grundsatz auch dann gelten, wenn ein Leben gegen 5 oder gegen 25 Leben steht? Oder, extrem zugespitzt: Dürfte ein Wagen bei Situationen, in denen »Leben gegen Leben« steht, so programmiert werden, dass er stets die größtmögliche Zahl von Leben vernichtet?

I. Zusammenfassung und Ausblick

Zusammenfassend lässt sich sagen, dass die Entwicklung teilautonomer und autonomer Fahrzeuge das Recht vor erhebliche Herausforderungen stellt, die jedoch durchaus zu bewältigen sind. Der erste Schritt dazu besteht in der Identifikation der relevanten Rechtsbereiche, eine Aufgabe, die vorstehend wenigstens in Ansätzen zu lösen versucht wurde. Die Rechtsprechung steht vor der Aufgabe, den vorhandenen Normenbestand auf die neuen Rechtsfragen anzuwenden. Auch dies sollte keine unüberwindbaren Probleme aufwerfen; insbesondere bei der zivilrechtlichen Haftung, der strafrechtlichen Verantwortlichkeit und der Providerhaftung dürften vorerst keine gesetzlichen Änderungen erforderlich sein. Änderungs- oder zumindest Klarstellungsbedarf besteht dagegen im Straßenverkehrsrecht, wo vor allem die StVO nicht ohne Weiteres mit der Zulassung und dem Betrieb teilautonomer und autonomer Fahrzeuge in Einklang zu bringen ist. Um die StVO und andere Teile des deutschen Straßenverkehrsrechts ändern zu können, muss die zugrundeliegende völkerrechtliche Vereinbarung, das Wiener Übereinkommen über den Straßenverkehr, reformiert werden. Probleme de lege lata wirft schließlich auch das Recht des Datenschutzes auf. Die Pkw und Lkw der Zukunft sammeln eine Vielzahl von Daten, die sie speichern und infolge ihrer Vernetzung sogar untereinander austauschen oder extern abspeichern können. Der Datenschutz wird damit auf eine harte Probe gestellt. Neue Techniken, wie sie im Zusammenhang mit »Big Data« diskutiert werden, sind mit dem überkommenen Datenschutz nicht vereinbar. Da der Schutz des Grundrechts auf informationelle Selbstbestimmung auch und gerade in der vernetzten Gesellschaft[52] eine zentrale Aufgabe darstellt,

52 Unter Weiterführung des Topos von der »vernetzten Gesellschaft« hat der Wissenschaftsjournalist *Christopher Kucklick* vorgeschlagen, von einer »granularen Gesellschaft« zu sprechen, die sich dadurch auszeichnen soll, dass sowohl Menschen

muss intensiver als bisher über neue Ansätze des Datenschutzes nachgedacht werden.

wie die sie umgebende Umwelt in einem bislang technisch nicht möglichen Maße erfasst und vermessen werden, vgl. sein Buch: Die granulare Gesellschaft. Wie das Digitale unsere Wirklichkeit auflöst, 2014. Dieser Ansatz dürfte ein beträchtliches heuristisches Potenzial für künftige Analysen, auch und gerade aus juristischer Perspektive, besitzen.

Zulassung – eine Frage des Verhaltensrechts?

Dipl.-Ing. Dipl.-Jur. Lennart S. Lutz,
*Universität Würzburg**

A. Einleitung

Gem. § 3 Abs. 1 S. 1 der Fahrzeugzulassungsverordnung (FZV) dürfen Fahrzeuge auf öffentlichen Straßen nur in Betrieb gesetzt werden, wenn sie zum Verkehr zugelassen sind. Nach § 3 Abs. 1 S. 2 FZV muss das Fahrzeug dazu vor allem einem genehmigten Typ entsprechen, also bestimmte technische Anforderungen erfüllen.

Klassischerweise befasst sich das Zulassungsrecht mithin primär mit den technischen Anforderungen, die ein Fahrzeug erfüllen muss, um im öffentlichen Raum betrieben werden zu dürfen, und stellt damit eine entscheidende Hürde für die Markteinführung jedes Automobils dar. Die bei der Benutzung zu beachtenden Verkehrsregeln sind dagegen separat normiert, in Deutschland etwa in der StVO. Übernimmt jedoch eine automatisierte Steuerung Teile der Fahraufgabe, kommt es zu einer Vermischung von Zulassungs- und Verhaltensanforderungen.

Der vorliegende Beitrag betrachtet diese Problematik aus dem Blickwinkel des Zulassungsrechts und geht der Frage nach, inwieweit dieses bereits heute durch verhaltensrechtliche Aspekte beeinflusst wird.

Dabei spielt deutsches Recht nur eine untergeordnete Rolle, obwohl Deutschland über eine eigene Straßenverkehrszulassungsordnung sowie eine Straßenverkehrsordnung verfügt. Die Bundesrepublik ist nämlich in zweifacher Hinsicht gebunden: Einerseits durch einen völkerrechtlichen Vertrag, das Wiener Übereinkommen über den Straßenverkehr von 1968 (WÜ), welches sowohl verhaltens- als auch zulassungsrechtliche Vorgaben enthält, und andererseits durch das europäische Zulassungsrecht. Diese Rechtsmaterien sind Gegenstand der folgenden Abschnitte B. und C., im anschließenden Abschnitt D. wird untersucht, in welcher Beziehung beide zueinander stehen.

* Der Beitrag basiert (in Teilen) auf der Publikation *Lutz*, Rechtliche Herausforderungen auf dem Weg zu vollautomatisierten Fahrzeugen, Tagungsband 30. VDI/VW Gemeinschaftstagung, VDI-Berichte 2223, 2014, S. 301 – 314.

B. Wiener Übereinkommen[1]

I. Einführung und Vertragspflichten

An dem Wiener Übereinkommen sind neben Deutschland 72 weitere Länder beteiligt, insbesondere europäische Staaten sowie Russland.[2] Als völkerrechtlicher Vertrag entfaltet das WÜ innerstaatlich keine unmittelbare Wirkung, den Vertragsstaaten (also insbesondere den nationalen Gesetzgebern) sind aber folgende Hauptpflichten auferlegt:

- Gem. Art. 3 Abs. 2 lit. a WÜ müssen die nationalen Zulassungsvorschriften mindestens den technischen Vorgaben in Anhang 5 des WÜ entsprechen.
- Gem. Art. 3 Abs. 1 WÜ müssen auch die innerstaatlich gültigen Verkehrsregeln in ihrem sachlichen Gehalt den Vorgaben des WÜ entsprechen.
- Gem. Art. 3 V WÜ müssen die Vertragsparteien im grenzüberschreitenden Verkehr die Einreise nach dem WÜ zulässiger Fahrzeuge auf ihr Staatsgebiet ermöglichen.

Sofern automatisierte Fahrzeuge mit dem WÜ nicht vereinbar sind, dürften diese folglich aufgrund der vertraglichen Pflichten grundsätzlich auch in Deutschland nicht erlaubt werden. Es stellt sich daher die Frage, wie automatisiertes Fahren nach dem Wiener Übereinkommen zu beurteilen ist.

II. Problematische Vorschriften

In Bezug auf automatisierte Fahrzeuge und Assistenzsysteme werden im WÜ bislang vor allem die folgenden Vorschriften als problematisch angesehen:

1 Ausführliche Darstellungen bei *Lutz*, Anforderungen an Fahrerassistenzsysteme nach dem Wiener Übereinkommen über den Straßenverkehr, NZV 2014, 67 ff.; *ders.*, Anforderungen an Fahrerassistenzsysteme nach überstaatlichem Recht, in: *Hilgendorf/Hötitzsch* (Hg.), Das Recht vor den Herausforderungen der modernen Technik, 2015 (Robotik und Recht Band 4), S. 159 – 194 (160 ff.).

2 Völkerrechtlich verbindlich ist das Abkommen jedoch nur für einen Teil dieser Staaten, vgl. ausführlich https://treaties.un.org/Pages/ViewDetailsIII.aspx?&src=TREATY&mtdsg_no=XI~B~19&chapter=11&Temp=mtdsg3&lang=en, zuletzt abgerufen 22.10.2014.

Art. 8 Führer

(1) Jedes Fahrzeug und miteinander verbundene Fahrzeuge müssen, wenn sie in Bewegung sind, einen Führer haben.

...

(5) Jeder Führer muß dauernd sein Fahrzeug beherrschen oder seine Tiere führen können.

Artikel 13 Geschwindigkeit und Abstand zwischen Fahrzeugen

(1) Jeder Fahrzeugführer muß unter allen Umständen sein Fahrzeug beherrschen, um den Sorgfaltspflichten genügen zu können und um ständig in der Lage zu sein, alle ihm obliegenden Fahrbewegungen auszuführen. [2]Er muß bei der Wahl der Geschwindigkeit seines Fahrzeugs ständig die Umstände berücksichtigen, insbesondere die örtlichen Verhältnisse, den Straßenzustand, den Zustand und die Beladung seines Fahrzeugs, die Witterungsverhältnisse und die Dichte des Verkehrs, um innerhalb der nach vorn übersehbaren Strecke und vor jedem vorhersehbaren Hindernis sein Fahrzeug anhalten zu können. [3]Er muß langsamer fahren und, wenn nötig, anhalten, sobald die Umstände es verlangen, namentlich wenn die Sicht nicht gut ist.

Bereits bei einer kursorischen Betrachtung wird deutlich, dass automatisierte Fahrzeuge mit diesen Anforderungen nicht ohne Weiteres vereinbar sind. Geht der Fahrer während einer automatisierten Fahrt beispielsweise Nebentätigkeiten nach, ist fraglich, ob er das Fahrzeug noch in dem von Art. 8 Abs. 5 und 13 Abs. 1 S. 1 WÜ geforderten Umfang beherrscht.

III. Anwendbarkeit der Artt. 8 und 13 WÜ i.R.d. Zulassung?

Sowohl Art. 8 als auch Art. 13 befinden sich in Kapitel II des Wiener Übereinkommens, welches mit »Verkehrsregeln« überschrieben ist. Die technischen Zulassungsanforderungen sind im WÜ dagegen ausschließlich in Anhang 5 enthalten und normieren selbst keine Anforderung, die automatisiertem Fahren entgegenstehen würde.

Vereinzelt wird daher die Auffassung vertreten, die Artt. 8 und 13 WÜ seien überhaupt nicht auf zulassungsrechtliche Fragestellungen anwendbar (sog. Trennungstheorie), da in diesen einzig Pflichten des Fahrers etabliert würden.[3]

3 *Bewersdorf*, Zulassung und Haftung bei FAS im Straßenverkehr, 2005, 52 ff.; *dies.*, Zur Vereinbarkeit von nicht-übersteuerbaren Fahrerassistenzsystemen mit

Selbst wenn man gewillt wäre, dem zu folgen, ändert dies in der Konsequenz nichts: Gem. Art. 3 Abs. 1 WÜ müssen die Vertragsparteien auch Vorgaben in ihr innerstaatliches Recht übernehmen, die das WÜ in Bezug auf Verkehrsregeln macht. Würde man Art. 8 und Art. 13 Abs. 1 WÜ ausschließlich verhaltensrechtliche Anforderungen entnehmen, könnten automatisierte Fahrzeuge zwar technisch zum Verkehr zugelassen werden. Sofern Art. 8 und Art. 13 Abs. 1 WÜ deren Benutzung entgegenstehen, müssten diese aber jedenfalls in der StVO verboten werden. Dies wird zu Recht als widersprüchlich[4] und mit dem Prinzip der Einheit der Rechtsordnung unvereinbar[5] abgelehnt und wäre davon abgesehen wohl auch wenig sinnvoll.[6]

Die originär verhaltensrechtlichen Vorgaben der Art. 8 und Art. 13 Abs. 1 WÜ sind daher auch i.R.d. Zulassung zu berücksichtigen.[7] Inwieweit die genannten Vorschriften automatisiertem Fahren entgegenstehen, ist daher von entscheidender Bedeutung.

IV. (Un-)Vereinbarkeit des automatisierten Fahrens mit dem WÜ

Teilweise werden Einschränkungen der Zulässigkeit von Fahrerassistenzsystemen schon aus dem Erfordernis eines Fahrzeugführers gem. Art. 8 Abs. 1 WÜ abgeleitet.[8] Dies überzeugt jedoch nicht:[9] Nach dem üblichen Sprachgebrauch ist auch der Lokführer Führer seines Fahrzeugs, obwohl er

dem Wiener Übereinkommen über den Straßenverkehr vom 8. November 1968, NZV 2003, 266 (269); *Kempen*, Fahrerassistenzsysteme und das Wiener Übereinkommen über den Straßenverkehr, Folie 13; *ders.*, Fahrerassistenz und Wiener Weltabkommen, Folie 11 f.

4 *Albrecht*, Fahrerassistenzsysteme zur Geschwindigkeitsbeeinflussung, DAR 2005, 186 (196); *Gasser*, Rechtliche Aspekte bei der Einführung von Fahrerassistenz- und Fahrerinformationssystemen, VKU 2009, 224 (229).

5 *Seeck/Gasser*, Klassifizierung und Würdigung der rechtlichen Rahmenbedingungen im Zusammenhang mit der Einführung moderner FAS, S. 2.

6 *Lutz*, NZV 2014, 67 (68); *ders.*, Anforderungen an Fahrerassistenzsysteme nach überstaatlichem Recht, a.a.O. [o. Fn. 1], S. 159 ff.

7 Ebd.; *Albrecht*, DAR 2005, 186 (196); *Gasser*, VKU 2009, 224 (229); *Frenz/Casimir-van den Broek*, Völkerrechtliche Zulässigkeit von Fahrerassistenzsystemen, NZV 2009, 529 (531).

8 *Albrecht*, DAR 2005, 186 (196); *ders.*, Fahrerassistenzsysteme und rechtliche Rahmenbedingungen, VD 2006, 143 (144); *ders.*, »Fährt der Fahrer oder das System?« – Anmerkungen aus rechtlicher Sicht, SVR 2005, 373.

9 *Lutz*, NZV 2014, 67 (69); *ders.*, Anforderungen an Fahrerassistenzsysteme nach überstaatlichem Recht, a.a.O. [o. Fn. 1], S. 159 ff.

aufgrund der Schienenführung nur die Geschwindigkeit und nicht die Richtung desselben beeinflussen kann. Dies zeigt, dass die Führereigenschaft unabhängig von der Bauart des Fahrzeugs und den konkret erforderlichen Bedienungshandlungen ist. Ferner wird in Art. 1 lit. v WÜ sowie Art. 8 Abs. 2 WÜ auch derjenige als Führer angesehen, der ein Tier bzw. eine Herde leitet. Ein Tier folgt dem durch den Führer vorgegebenen Weg jedoch weitestgehend selbstständig und mit wesentlich mehr eigenem Willen als typische technische Systeme; es handelt also zumindest zeitweise autonom. Wenn das WÜ trotzdem davon ausgeht, dass Tiere einen Führer besitzen können, muss dies auch für vergleichbare technische autonome Systeme gelten. Art. 8 Abs. 1 WÜ steht jeglichen Fahrerassistenzsystemen (FAS) sowie hoch und voll automatisierten Fahrzeugen (SAE-Level 3 und 4) folglich nicht entgegen. Eine Grenze dürfte erst bei vollkommen fahrerlosen Systemen erreicht sein, da diese begrifflich gerade keinen Führer mehr besitzen. Bei Fahrzeugen ab SAE-Level 5 (fahrerlos) wäre daher im Detail zu untersuchen, welche Resttätigkeiten einer Person zugewiesen sein müssen, um das Vorhandensein eines Führers bejahen zu können: Wäre es möglicherweise etwa denkbar, eine Person als Führer anzusehen, wenn sich ihre Tätigkeit auf die Eingabe eines Zielortes beschränkt?

Nach der herrschenden Meinung sind Assistenzsysteme dagegen primär an der in Art. 8 Abs. 5 und Art. 13 Abs. 1 S. 1 WÜ geforderten Fahrzeugbeherrschung zu messen. Daraus wird abgeleitet, dass mit dem WÜ nur Assistenzsysteme vereinbar sind, die vom Fahrer jederzeit übersteuert werden können.[10] Als mit der erforderlichen Fahrzeugbeherrschung unvereinbar werden ferner auch Nebentätigkeiten des Fahrers angesehen.[11]

Hierbei wird jedoch vernachlässigt, dass für die Interpretation nicht die deutsche Übersetzung maßgeblich ist, sondern die Sprachen, in denen das WÜ ursprünglich geschlossen wurde. Gem. Art. 56 WÜ sind dies Chinesisch, Englisch, Französisch, Russisch und Spanisch. Berücksichtigt man diese authentischen Sprachen sowie die Systematik, ist die entscheidende Einschränkung richtigerweise der Zweckbestimmung in Art. 13 Abs. 1 S. 1

10 *Hötitzsch/May*, Rechtliche Problemfelder beim Einsatz automatisierter Systeme im Straßenverkehr, in: *Hilgendorf* (Hg.), Robotik im Kontext von Recht und Moral (Robotik und Recht Band 3), S. 197 ff.; *Winner/Hakuli/Wolf*, Handbuch Fahrerassistenzsysteme, 2. Auflage 2012, S. 31; *Albrecht*, DAR 2005, 186 (196); *Gasser*, VKU 2009, 224 (229); *Berz/Dedy/Granich*, Haftungsfragen bei dem Einsatz von Telematiksystemen im Straßenverkehr, DAR 2000, 545 (547); zur Gegenauffassung o. Fn. 3.

11 *Frenz/Casimir-van den Broek*, NZV 2009, 529 (532).

WÜ zu entnehmen:[12] Auch beim Einsatz automatisierter FAS muss der Führer danach weiter in der Lage sein, den Sorgfaltspflichten zu genügen und alle ihm obliegenden Fahrbewegungen auszuführen. Da das WÜ dem Führer aber für nahezu alle denkbaren Fahrbewegungen umfassende Verhaltenspflichten auferlegt, ergeben sich Abweichungen zur herrschenden Meinung nur im Detail.

Automatisierte Fahrzeuge (ab SAE-Level 3) sind dementsprechend mit dem WÜ nicht vereinbar. Ausnahmen sollen nur für Notbremsassistenten gelten, da diese erst eingreifen, wenn der Fahrer die Kontrolle über sein Fahrzeug bereits verloren hat.[13] Aufgrund seiner vertraglichen Pflichten darf der deutsche Staat mithin keine Gesetzesänderungen vornehmen, die automatisiertes Fahren erlauben würden.

V. Änderungsbestrebungen

Zur Bewältigung dieser Probleme sind nur zwei Ansätze denkbar: Der schlechtere bestünde darin, dass Deutschland das WÜ einseitig aufkündigt. Dies ist gem. Art. 50 WÜ durch schriftliche Notifikation innerhalb eines Jahres möglich. Den in Deutschland registrierten Fahrzeugen könnte dann allerdings die bislang nach Art. 3 Abs. 3 WÜ garantierte Einreise auf das Staatsgebiet der anderen Mitgliedstaaten verwehrt werden. Außerdem müssten die in Deutschland ausgestellten Führerscheine im Ausland nicht mehr gem. Art. 41 WÜ anerkannt werden. Eine Kündigung des WÜ ist mithin wenig praktikabel. Erforderlich wäre daher eine Änderung des Übereinkommens.

Ein entsprechender Änderungsvorschlag wurde von Deutschland, Frankreich, Italien, Österreich und Belgien bereits eingebracht und Anfang des Jahres 2014 von der mit Änderungen des WÜ beauftragten WP.1 (Working Party on Road Traffic Safety der UNECE) beschlossen. Obwohl der Änderungsvorschlag nun noch formal von den Mitgliedstaaten akzeptiert werden muss, gilt ein Scheitern als praktisch ausgeschlossen: Da sich die WP.1 aus

12 *Lutz*, NZV 2014, 67 (71); *ders.*, Anforderungen an Fahrerassistenzsysteme nach überstaatlichem Recht, a.a.O. [o. Fn. 1], S. 166 ff.

13 *Gasser*, VKU 2009, 224 (230); *Frenz/Casimir-van den Broek*, NZV 2009, 529 (530 f.).

Vertretern der Vertragsstaaten zusammensetzt, werden deren Beschlüsse üblicherweise auch angenommen.[14]

Der Änderungsvorschlag sieht vor, dass in Art. 8 WÜ ein neuer Abs. 5bis eingefügt und Art. 39 Abs. 1 WÜ um einen S. 3 ergänzt wird:[15]

Art. 8 Abs. 5bis

Vehicle systems which influence the way vehicles are driven shall be deemed to be in conformity with paragraph 5 of this Article and with paragraph 1 of Article 13, when they are in conformity with the conditions of construction, fitting and utilization according to international legal instruments concerning wheeled vehicles, equipment and parts which can be fitted and/or be used on wheeled vehicles [in einer Fußnote wird diesbzgl. auf das ECE-Abkommen von 1958 und das GTR-Abkommen von 1998 verwiesen].

Vehicle systems which influence the way vehicles are driven and are not in conformity with the aforementioned conditions of construction, fitting and utilization, shall be deemed to be in conformity with paragraph 5 of this Article and with paragraph 1 of Article 13, when such systems can be overridden or switched off by the driver.

Art. 39 Abs. 1 neu

Every motor vehicle, every trailer and every combination of vehicles in international traffic shall satisfy the provisions of Annex 5 to this Convention. It shall also be in good working order. When these vehicles are fitted with systems, parts and equipment that are in conformity with the conditions of construction, fitting and utilization according to technical provisions of international legal instruments referred to in Article 8, paragraph 5bis of this Convention, they shall be deemed to be in conformity with Annex 5.

Weitestgehend unproblematisch ist zunächst die Ergänzung des Art. 39 Abs. 1 WÜ um einen neuen S. 3. Nach diesem gelten die technischen Anforderungen in Anhang 5 des WÜ für Fahrzeuge als erfüllt, die den Vorgaben eines anderen internationalen Abkommens entsprechen, insbesondere den sog. ECE-Regeln.[16] Ist ein Fahrzeug mit den ECE-Regeln konform, werden nach Art. 8 Abs. 5bis S. 1 WÜ ferner auch die bisher besonders

14 *Lutz*, Autonome Fahrzeuge als rechtliche Herausforderung, NJW 2015, 119 (122 f.).

15 Da Deutsch keine der Vertragssprachen des WÜ ist, existiert eine offizielle deutsche Version nicht. Wiedergegeben wird hier die englische Fassung: Offizieller Bericht der WP.1 über die 68. Sitzung, ECE/TRANS/WP.1/145, S. 9, http://www.unece.org/fileadmin/DAM/trans/doc/2014/wp1/ECE-TRANS-WP1-145e.pdf.

16 Diese werden auf Grundlage des ECE-Abkommens von 1958 erarbeitet.

problematischen Art. 8 Abs. 5 und Art. 13 Abs. 1 WÜ als erfüllt angesehen. Gleiches gilt nach Art. 8 Abs. 5bis S. 2 WÜ auch, wenn ein Assistenzsystem durch den Fahrer übersteuert werden kann oder abschaltbar ist.

Es ließe sich deshalb vermuten, dass automatisierte Fahrzeuge künftig zulässig sind, wenn die ECE-Regeln sie erlauben. Dies wäre insofern vorteilhaft, als die ECE-Regeln deutlich schneller an den technischen Fortschritt angepasst werden als das WÜ.

Problematisch ist allerdings, dass Art. 8 Abs. 5bis sich ausdrücklich nur auf die Art. 8 Abs. 5 und Art. 13 Abs. 1 WÜ bezieht. Zwar wurden diese, wie dargestellt, bislang als besonders problematisch angesehen. Anforderungen an den Fahrer finden sich jedoch noch in vielen anderen Artikeln des WÜ. Beispielsweise verlangt Art 8 Abs. 6 WÜ, dass anderweitige Tätigkeiten als das Führen des Fahrzeugs zu vermeiden sind, und nach Art. 11 Abs. 4 WÜ muss der Führer beim Überholen einen ausreichenden Seitenabstand halten. Müsste der Führer diese Anforderungen nun weiterhin selbst erfüllen, stünde dies automatisierten Fahrzeugen offensichtlich entgegen. Die Vereinbarkeit von nicht-übersteuerbaren und durch den Fahrer nicht zu überwachenden Assistenzsystem mit dem WÜ könnte daher auch nach der Änderung weiter bestritten werden.[17] Eine solche Ansicht ist jedoch aus verschiedenen Gründen abzulehnen:[18]

(1) Durch den Führer übersteuerbare Assistenzsysteme gelten bereits nach Art. 8 Abs. 5bis S. 2 WÜ ausdrücklich als mit Art. 8 Abs. 5 und 13 Abs. 1 WÜ vereinbar. Art. 8 Abs. 5bis S. 1 WÜ muss daher logisch zwingend (auch) nicht-übersteuerbare Systeme erfassen, ansonsten hätte er keinerlei originären Anwendungsbereich. Dies wäre offensichtlich abwegig und könnte kaum als Wille der Vertragsparteien unterstellt werden. Würde man verlangen, dass der Führer auch bei Verwendung von Systemen i.S.d. Art. 8 Abs. 5bis S. 1 WÜ weiterhin ständig die sonstigen Anforderungen des WÜ selbst erfüllen muss, liefe dies aber gerade auf ein Verbot nicht-übersteuerbarer Systeme hinaus. Auch dann hätte Art. 8 Abs. 5bis S. 1 WÜ keinen Anwendungsbereich.

17 In diese Richtung, zumindest für höhere Automatisierungsstufen, möglicherweise die Regierung von Schweden: ECE/TRANS/WP.1/2014/7, Nr. 3, abzurufen unter: http://www.unece.org/fileadmin/DAM/trans/doc/2014/wp1/ECE-TRANS-WP1-2014-7e.pdf.

18 *Lutz*, Die bevorstehende Änderung des Wiener Übereinkommens über den Straßenverkehr: Eine Hürde auf dem Weg zu (teil-) autonomen Fahrzeugen ist genommen!, DAR 2014, 446 (449 f.); *Lutz*, Anforderungen an Fahrerassistenzsysteme nach überstaatlichem Recht, a.a.O. [o. Fn. 1], S. 182 ff; *Lutz*, Autonome Fahrzeuge als rechtliche Herausforderung, NJW 2015, 119 (123).

Hiergegen könnte allenfalls eingewendet werden, Art. 8 Abs. 5bis S. 1 WÜ erfasse ausschließlich nicht-übersteuerbare Systeme, die den Führer aber gleichzeitig nicht an der Erfüllung aller sonstigen Vorgaben des WÜ hinderten. Allenfalls in Betracht käme diesbzgl. eine ganz spezielle (kleine) Klasse von Systemen wie ABS und ESP, die die Vorgaben des Fahrers lediglich auf Systemebene optimieren. Derartige Systeme wären aber bereits heute – unabhängig von ihrer Beherrschbarkeit – zulässig: Schließlich muss der Führer sein Fahrzeug gem. Art. 13 Abs. 1 S. 1 WÜ nur soweit beherrschen, dass er die Sorgfaltspflichten erfüllen und alle ihm obliegenden Fahrbewegungen ausführen kann.[19] Kann der Führer mithin trotz der Nicht-Übersteuerbarkeit eines Systems alle Vorgaben des WÜ erfüllen, ist dieses bereits heute zulässig. Einer Änderung hätte es dazu nicht bedurft. Speziell ABS und ESP werden von der allgemeinen Meinung ausdrücklich als mit dem WÜ in seiner jetzigen Form vereinbar angesehen. Es dürfte daher ausgeschlossen sein, dass Art. 8 Abs. 5bis S. 1 WÜ ausschließlich nicht-übersteuerbare Systeme erfasst, die den Führer aber gleichzeitig nicht an der Erfüllung aller sonstigen Vorgaben des WÜ hindern.

Sofern ein (beliebiges) nicht-übersteuerbares System die ECE-Regeln erfüllt, muss dieses mithin gem. Art. 8 Abs. 5bis S. 1 WÜ auch nach dem Wiener Übereinkommen zulässig und benutzbar sein, selbst wenn es Nebentätigkeiten ermöglicht. Ansonsten hätte Art. 8 Abs. 5bis S. 1 WÜ keinen eigenen Anwendungsbereich.

(2) Ist ein bestimmtes System gem. Art. 8 Abs. 5bis WÜ als in Einklang mit Art. 8 Abs. 5 und 13 Abs. 1 WÜ stehend anzusehen, muss diese Fiktion[20] die gleiche Reichweite besitzen wie Art. 8 Abs. 5 und Art. 13 Abs. 1 WÜ selbst. Fraglich ist daher, in welchem Verhältnis Art. 8 Abs. 5 und Art. 13 Abs. 1 WÜ zu den übrigen Vorgaben des WÜ stehen. Beide Absätze enthalten Spezialregeln für die Beziehung des Fahrers zu seinem Fahrzeug, wie der eindeutige Wortlaut zeigt. Die Erfüllung aller anderweitigen (zumindest fahrtbezogenen) Anforderungen setzt denknotwendig gerade voraus, dass der Führer das Fahrzeug beherrscht. Art. 8 Abs. 5 und Art. 13 Abs. 1 S. 1 WÜ gehen den übrigen Vorschriften des WÜ daher vor. Dafür spricht auch die systematische Stellung am Anfang des Kapitels 2.

19 Ausführlich dazu: *Lutz*, Anforderungen an Fahrerassistenzsysteme nach überstaatlichem Recht, a.a.O. [o. Fn. 19], S. 159 (166 ff.).

20 Wertungsmäßig dürfte es sich nach deutschen Begrifflichkeiten um eine unwiderlegliche Vermutung handeln, da Art. 8 Abs. 5bis auch Systeme erfasst, die die Anforderungen der Art. 8 Abs. 5 und Art. 13 Abs. 1 S. 1 WÜ tatsächlich erfüllen.

Insbesondere ist Art. 8 Abs. 5 WÜ dabei auch vorrangig gegenüber Art. 8 Abs. 6, wie der Wortlaut des Art. 8 Abs. 5 WÜ in den authentischen Sprachen belegt:[21] Nach der verbindlichen englischen, chinesischen und russischen Fassung muss der Führer »in der Lage« sein, dass Fahrzeug zu beherrschen. Art. 8 Abs. 5 WÜ soll also offensichtlich gewährleisten, dass der Führer in seiner Person Bedienungshandlungen vornehmen kann, sofern diese erforderlich sind. Art. 8 Abs. 6 WÜ enthält insoweit nur eine nachrangige Klarstellung.[22] Gestützt wird diese Überlegung auch durch Systematik und Aufbau des Art. 8 WÜ. Dessen Abs. 1 normiert zunächst, dass überhaupt ein Führer vorhanden sein muss. Nach Abs. 3 muss dieser körperlich und geistig in der Lage sein zu führen, gem. Abs. 4 die erforderlichen Kenntnisse und Fähigkeiten besitzen und nach Abs. 5 sein Fahrzeug jederzeit beherrschen. Art. 8 Abs. 6 WÜ verlangt schließlich, dass der Führer Nebentätigkeiten minimieren muss. Die Anforderungen stehen folglich in einer eindeutigen Rangordnung: Der vorausgehende Absatz enthält jeweils eine Regelung, die Voraussetzung für das nachfolgende Erfordernis ist. Würde zukünftig beispielsweise auf das Vorhandensein eines Fahrzeugführers verzichtet, käme es offensichtlich auf den Art. 8 Abs. 3 WÜ und die körperlichen und geistigen Fähigkeiten des Fahrers nicht mehr an. Besäße der Fahrer diese nicht, wäre es sinnlos (oder ggf. auch unmöglich) ihm die gem. Abs. 4 erforderlichen Kenntnisse und Fähigkeiten zu vermitteln. Verfügt der Führer nicht über die erforderlichen Fähigkeiten, kann er auch sein Fahrzeug nicht gem. Abs. 5 beherrschen. Beherrscht er sein Fahrzeug nicht, spielt es keine Rolle, ob er entgegen Abs. 6 Nebentätigkeiten nachgeht. Wird nun vermutet, dass ein System im Einklang mit einem Absatz des Art. 8 WÜ steht, erstreckt sich die Wirkung dieser Vermutung auch auf die nachfolgenden Absätze.

Mithin ist festzuhalten: Art. 8 Abs. 5 und Art. 13 Abs. 1 WÜ sind hinsichtlich der Beziehung des Fahrers zu seinem Fahrzeug vorrangig gegenüber den sonstigen Vorgaben des WÜ. Entsprechend ist daher auch die Fiktion in Art. 8 Abs. 5bis WÜ vorrangig, sodass Art. 8 Abs. 5bis WÜ unter den in S. 1 und S. 2 genannten Voraussetzungen grundsätzlich auch Nebentätigkeiten des Fahrers ermöglicht.

21 Dazu und zum Nachfolgenden näher: *Lutz*, NZV 2014, 67 (70 ff.); *ders.*, Anforderungen an Fahrerassistenzsysteme nach überstaatlichem Recht, a.a.O. [o. Fn. 1], S. 169 ff.

22 *Lutz*, NZV 2014, 67 (71); *ders.*, Anforderungen an Fahrerassistenzsysteme nach überstaatlichem Recht, a.a.O. [o. Fn. 1], S. 171.

(3) Als erfüllt gilt gem. Art. 8 Abs. 5bis WÜ der gesamte Absatz 1 des Art. 13 WÜ und nicht nur der erste Satz, welcher die besonders diskutierten Anforderungen im Hinblick auf Fahrzeugbeherrschung enthält. Sofern ein Assistenzsystem den ECE-Regeln entspricht oder übersteuerbar ist, muss der Fahrer seine Geschwindigkeit folglich nicht mehr gem. Art. 13 Abs. 1 S. 2 WÜ an die Verkehrs- und Umweltbedingungen anpassen oder gem. Art. 13 Abs. 1 S. 3 WÜ anhalten können, wenn die Sicht nicht gut ist. Zwar ist nicht völlig auszuschließen, dass es sich insoweit um ein Redaktionsversehen der Vertragsparteien handelt. Eher dürfte der breite Verweis aber als Beleg dafür zu werten sein, dass die in Art. 8 Abs. 5bis WÜ genannten Systeme mit sämtlichen an den Fahrer gerichteten Anforderungen vereinbar sein sollen.

(4) Sinn der sonstigen Verhaltensanforderungen im WÜ ist es zudem nicht, dem Führer ein bestimmtes Handeln abzuverlangen. Vielmehr sollen diese lediglich normieren, wie eine Fahrbewegung zu erfolgen hat. Im WÜ finden sich nämlich nicht nur Vorschriften, die sich an den Führer richten, sondern auch solche, die – ohne Unterschied in der Sache – unmittelbar festlegen, wie eine Fahrbewegung vorzunehmen ist (z.B. Art. 11 Abs. 11 lit. a sublit. i WÜ). Daraus folgt im Umkehrschluss aber auch, dass die an den Führer gerichteten Verkehrsregeln von einem automatisierten Fahrzeug entsprechend zu befolgen wären.

(5) Sowohl das WÜ als auch der Änderungsvorschlag verfolgen das Ziel, die Sicherheit im Straßenverkehr zu erhöhen. Sofern die Technik ausgereift ist, sind von elektronischen Helfern diesbzgl. überaus positive Effekte zu erwarten, was ebenfalls für eine technikfreundliche Auslegung spricht.

(6) Schließlich geht auch das Sekretariat der WP.1 davon aus, dass der Änderungsvorschlag beliebig automatisierte Fahrzeuge (außer fahrerlose) ermöglicht.[23] Vor der Beschlussfassung hat das Sekretariat die Delegierten ausdrücklich auf diese Folge hingewiesen, sodass ein entsprechender Wille[24] der Vertragsparteien zu unterstellen ist.

Insgesamt erscheint es daher als überzeugend, dass unter den Voraussetzungen des Art. 8 Abs. 5bis WÜ prinzipiell beliebige Assistenzsysteme mit

23 Secretariat WP.1, Item 4 (a), Presentations for the 68th session, Fol. 6, http://www.unece.org/fileadmin/DAM/trans/doc/2014/wp1/ECE-TRANS-WP1-Presentation-4e.pdf.

24 Der bei der Auslegung zumindest ergänzend zu berücksichtigen ist: *Herdegen*, Völkerrecht, 13. Auflage 2014, § 15 Rn. 28.

dem WÜ vereinbar sind. Einzig die sich aus Art. 8 Abs. 1 WÜ ergebenden Einschränkungen müssten weiter beachtet werden. Wie dargestellt sind vollständig fahrerlose Fahrzeuge also ausgeschlossen.

Desweiteren stellt sich die Frage, wie Art. 8 Abs. 5bis S. 2 WÜ zu verstehen ist. Da übersteuerbare Assistenzsysteme schon nach der bislang herrschenden Meinung zulässig sind, ließe sich vermuten, dass dieser status quo nun lediglich ausdrücklich vorgeschrieben werden sollte. Dagegen spricht allerdings, dass der Führer nach Art. 8 Abs. 5 und 13 Abs. 1 S. 1 WÜ sein Fahrzeug jederzeit bzw. ständig beherrschen muss. Eine jederzeitige oder ständige Übersteuerbarkeit verlangt Art. 8 Abs. 5bis S. 2 WÜ jedoch gerade nicht.[25] Möglicherweise ist es künftig also nicht mehr erforderlich, dass der Führer sich ständig für eine Übersteuerung bereithält, sofern das FAS zumindest technisch so ausgestaltet ist, dass es theoretisch übersteuert werden könnte. Automatisierte Fahrzeuge wären dann auch nach Art. 8 Abs. 5bis S. 2 WÜ zulässig. Für eine derartige Interpretation spricht auch, dass es nach Art. 8 Abs. 5bis S. 2 genügt, wenn ein FAS ausschaltbar ist. Der Führer müsste also zunächst das FAS deaktivieren und könnte eine eigene Fahrbewegung mithin nicht sofort, sondern erst mit einer zeitlichen Diskrepanz ausführen. Offensichtlich ist dementsprechend eine gelockerte Form der Einflussnahme ausreichend.

Zwar könnte Deutschland aufgrund dieser zweiten Alternative möglicherweise gem. Art. 3 Abs. 1 WÜ verpflichtet sein, sein innerstaatliches Verkehrsrecht (also die StVO) an diese Vorgaben anzupassen. Für die eigentliche Zulassung von Fahrzeugen besitzt Art. 8 Abs. 5bis S. 2 WÜ praktisch aber nur eine geringe Relevanz: In der EU sind die ECE-Regeln ohnehin im Rahmen der Fahrzeugzulassung zu berücksichtigen.[26] Sollte künftig also eine ECE-Regel automatisiertes Fahren ermöglichen, wäre dieses ggf. über Art. 8 Abs. 5bis S. 1 WÜ auch mit dem Wiener Übereinkommen vereinbar, auf S. 2 käme es nicht an. Solange automatisierte Fahrzeuge mit den ECE-Regeln dagegen nicht vereinbar sind, könnten diese in den europäischen Staaten nicht zugelassen werden, selbst wenn sie die Anforderungen des Art. 8 Abs. 5bis S. 2 WÜ erfüllen. In Deutschland und der EU ist daher nur eine Konstellation denkbar, in der Art. 8 Abs. 5bis S. 2 WÜ relevant werden könnte: Zunächst müsste ein Vertragsstaat des WÜ, der nicht der EU angehört und für den die ECE-Regeln auch nicht anderweitig gelten, auf Grundlage von Art. 8 Abs. 5bis S. 2 WÜ (automatisierte) Fahrzeuge zulassen.

25 *Lutz*, NJW 2015, 119 (123); *ders.*, DAR 2014, 446 (450).
26 Vgl. die ausführliche Darstellung unter C.

Gem. Art. 3 V WÜ wären dann auch Deutschland und die anderen Mitgliedstaaten verpflichtet, diese – nach dem WÜ zulässigen – Fahrzeuge im grenzüberschreitenden Verkehr auf ihr Staatsgebiet einreisen zu lassen.

Zusammenfassend ist festzuhalten: Folgt man der hier vertretenen Auffassung, werden nach Annahme des Änderungsvorschlags beliebige FAS (außer fahrerlose) mit dem WÜ vereinbar sein, sofern diese nach den ECE-Regeln zulässig sind. Gleiches könnte für Systeme gelten, die technisch so gestaltet sind, dass sie (theoretisch) übersteuerbar oder ausschaltbar sind, die der Fahrer aber nicht ständig überwachen muss. Die an den Führer gerichteten Verkehrsregeln wären von einem automatisierten Fahrzeug dann entsprechend zu befolgen.

Nachdem der Änderungsvorschlag in die Vertragssprachen übersetzt und an die Mitgliedsstaaten übermittelt wurde, haben diese gem. Art. 49 Abs. 2 lit. a S. 1 WÜ 12 Monate Zeit, ihn anzunehmen oder abzulehnen. Mit einer endgültigen Entscheidung ist daher erst bis Ende 2015 zu rechnen.

C. Europäisches Zulassungsrecht

I. Einleitung

Neben dem Wiener Übereinkommen enthält auch das europäische Recht Vorgaben für die Zulassung von Fahrzeugen. Diese finden sich im Wesentlichen in der RL 2007/46/EG und werden von der sog. EG-Fahrzeuggenehmigungsverordnung (EG-FGV) in deutsches Recht umgesetzt.

Bei der Genehmigung von neuen Großserienfahrzeugen der Klasse M1, also normalen Pkw, sind diese Vorgaben zwingend zu beachten. Anders als das WÜ besitzt das europäische Zulassungsrecht in Deutschland daher praktisch gesehen unmittelbare Gültigkeit.

Die tatsächlichen technischen Anforderungen waren ursprünglich primär in einer Vielzahl einzelner Richtlinien enthalten, auf die die RL 2007/46/EG verwies. Inzwischen wurden diese aber größtenteils aufgehoben und durch die verpflichtende Anwendung der ECE-Regeln ersetzt. Diese gelten gem. Art. 34 Abs. 1 RL 2007/46/EG zu den gleichen Bedingungen wie die EU-eigenen Richtlinien; eine vollständige Liste der von der EU akzeptierten Regeln findet sich in Anhang IV Teil 1 der RL 2007/46/EG.

Es stellt sich daher die Frage, inwieweit die ECE-Regeln mit automatisierten Fahrzeugen vereinbar sind.

II. Vorgaben der ECE-Regel

Festzuhalten ist zunächst, dass eine spezielle ECE-Regel für automatisierte Fahrzeuge bislang nicht existiert. Diese sind daher nach den allgemeinen Anforderungen zu beurteilen, relevant sind hier insbesondere die ECE-Regel 13-H für Bremsen und die ECE-Regel 79 für Lenkanlagen.

In ECE-Regel 13-H werden automatisch gesteuerte Bremsungen ausdrücklich erwähnt, sodass diese prinzipiell zulässig sind. Als einzige einschränkende Anforderung muss nach Abs. 5.2.2.22.2 gewährleistet werden, dass auch bei einer automatischen Bremsung ein Signal zur Einschaltung der Bremsleuchte ausgelöst wird, sobald eine Verzögerung von mehr als 0,7 m/s^2 erfolgt. Im Übrigen sind nur die Entwicklungs- und Dokumentationsvorschriften gem. Anhang 8 zu beachten. Die Anforderungen an die Genehmigung von Bremsen stehen automatisierten Fahrzeugen folglich nicht entgegen.

Die wesentliche Komponente jedes automatisierten Fahrzeugs ist allerdings eine automatisierte Steuerung. Deren Zulässigkeit richtet sich nach ECE-Regel 79, die insofern weitreichende Einschränkungen enthält.

Nach Abs. 1.2.2 ist die ECE-Regel 79 auf sog. autonome Lenkanlagen nicht anwendbar. Da deren Genehmigung auch nicht auf Grundlage einer anderen Norm möglich ist, sind diese mithin generell unzulässig. Abweichend vom üblichen Verständnis definiert Abs. 2.3.3. S. 1 autonome Lenkanlagen jedoch wie folgt:

> [Eine] *»autonome Lenkanlage« ist eine Anlage mit einer Funktion in einem komplexen elektronischen Steuersystem, die bewirkt, dass das Fahrzeug einer festgelegten Fahrspur folgt oder seine Fahrspur aufgrund von Signalen ändert, die außerhalb des Fahrzeugs ausgelöst und von dort übertragen werden.*

Anders als der deutsche Wortlaut vermuten lassen könnte, wird in beiden genannten Alternativen (Folgen und Ändern der Spur) vorausgesetzt, dass das Fahrzeug auf aktive Signale von außerhalb des Fahrzeugs reagiert. Dies zeigen die anderen Sprachfassungen der ECE-R 79, insbesondere die französische. Unzulässig sind daher nur Fahrzeuge, deren Steuerung durch Signale von außerhalb des Fahrzeugs beeinflusst wird, beispielsweise etwa teleoperierte. Als Gründe für dieses faktische Verbot werden in der Einleitung der Regel 79 »Befürchtungen hinsichtlich der Hauptverantwortung für das Führen des Fahrzeugs und des Fehlens international abgestimmter Datenübertragungsprotokolle« genannt.

Daraus folgt jedoch nicht, dass autonome Lenkanlagen im üblichen Sinne (also ohne Signalübertragung von außerhalb des Fahrzeugs) zulässig wären. Nach der ECE-Regel 79 genehmigungsfähig sind vielmehr nur sog. Fahrerassistenz-Lenkanlagen, die Abs. 2.3.4. definiert als

> *»eine Anlage, die zusätzlich zur Hauptlenkanlage vorhanden ist und den Fahrzeugführer beim Lenken des Fahrzeugs unterstützt, bei der er aber immer die Hauptverantwortung für das Führen des Fahrzeugs behält...«.*

Zulässig sind Fahrerassistenz-Lenkanlagen demnach nur, wenn der Fahrer immer die Hauptverantwortung für die Fahrzeugführung behält. Insofern hat bereits eine eigentlich originär verhaltensrechtliche Anforderung Eingang in die ECE-Regeln gefunden. Weiterhin dürfen Fahrerassistenz-Lenkanlagen nach Abs. 5.1.6. die Funktion der Hauptlenkanlage nicht beeinträchtigen und müssen zudem jederzeit durch einen bewussten Eingriff des Fahrers übersteuerbar sein.

Unter diesen Voraussetzungen darf die Fahrerassistenz-Lenkanlage zwei Funktionen umfassen: Zum einen ist gem. Abs. 2.3.4.1. eine automatische Lenkfunktion möglich, deren Einsatz nach Abs. 5.1.6. jedoch nur bei Geschwindigkeiten bis maximal 12 km/h (10 km/h + 20 % Toleranz) zulässig ist. Beispielsweise Einparkassistenten werden auf Grundlage dieser Vorschrift genehmigt. Möglich ist ferner auch eine sog. korrigierende Lenkfunktion nach Abs. 2.3.4.2, bei der für einen begrenzten Zeitraum automatische Eingriffe in die Lenkung erfolgen, um die gewünschte Richtungsbahn des Fahrzeugs einzuhalten oder das dynamische Verhalten des Fahrzeugs zu beeinflussen.

Insgesamt ist festzuhalten: Sobald der Fahrer ein automatisiertes Fahrzeug nicht mehr ständig überwachen muss (ab SAE-Level 3), besitzt er nicht mehr die von Abs. 2.3.4. geforderte Hauptverantwortung für das Führen des Fahrzeugs. Derartige Fahrzeuge sind mithin unzulässig.

Abhilfe kann hier nur eine entsprechende Änderung der ECE-Regel 79 schaffen, die in der EU aber erst gültig werden kann, wenn die EU dieser i.S.d. Art. 34 Abs. 2 S. 1 RL 2007/46/EG auch separat zustimmt. In der Vergangenheit wurden die ECE-Regeln bereits häufig geändert und weitestgehend zeitnah an den technischen Fortschritt angepasst. Aus diesem Grund besteht die berechtigte Hoffnung, dass die ECE-Regel 79 zukünftig auch auf die Genehmigung von automatisierten Lenkanlagen erweitert wird, sobald technische Lösungen verfügbar sind, die eine ausreichende Sicherheit bieten.

D. Normenhierarchie

Sollte eine ECE-Regel aufgestellt und von der EU akzeptiert werden, die die Typgenehmigung automatisierter Fahrzeuge ermöglicht, ergibt sich ein interessantes Folgeproblem: Es stellt sich dann nämlich die Frage, inwieweit innerstaatliches Verkehrsrecht oder die aus dem WÜ resultierenden Verpflichtungen die Zulassung automatisierter Fahrzeuge dennoch verhindern könnten.

I. Verhältnis von ECE-Regeln und innerstaatlichem Recht

Da die RL 2007/46/EG in Anhang IV auf die ECE-Regeln verweist, werden diese insoweit Bestandteil des europäischen Sekundärrechts. Akzeptiert die Gemeinschaft eine neue ECE-Regel, sind die Mitgliedstaaten gem. Art. 34 Abs. 2 S. 3 RL 2007/46/EG ausdrücklich verpflichtet, alle entgegenstehenden nationalen Vorschriften aufzuheben oder abzuändern. Freilich dürfte dies primär innerstaatliche Normen für die Typgenehmigung bzw. Zulassung betreffen. Dem Unionsrecht kommt jedoch ein Anwendungsvorrang vor sämtlichen entgegenstehenden nationalen Normen der Mitgliedstaaten zu.[27] Insbesondere müssen nationale Bestimmungen bereits unangewendet bleiben, wenn sie die Verwirklichung des unionsrechtlich bezweckten Erfolges in qualifizierter Weise behindern.[28] Ausweislich des Erwägungsgrundes 23 verfolgt die RL 2007/46/EG das Ziel, den Binnenmarkt durch die Einführung eines verbindlichen Systems gemeinschaftlicher Typgenehmigungen zu vollenden. Wäre der praktische Betrieb eines – nach den in der EU anwendbaren ECE-Regeln genehmigten – automatisierten Fahrzeugs aufgrund entgegenstehender nationaler Vorschriften unzulässig, läge darin nicht nur eine Behinderung, sondern sogar eine vollständige Verhinderung: Schließlich wäre die einheitliche Typgenehmigung weitestgehend wertlos, wenn Fahrzeuge aufgrund zusätzlicher Vorschriften in einzelnen Ländern nicht betrieben werden könnten. Einer von der EU akzeptierten fiktiven ECE-Regel für automatisierte Fahrzeuge käme daher ein umfassen-

27 *Nettesheim,* in: *Grabitz/Hilf/Nettesheim,* Das Recht der Europäischen Union, 53. Ergänzungslieferung 2014, Art. 288 AEUV, Rn. 52; *Gärditz,* in: *Rengeling/Middeke/Gellermann,* Handbuch des Rechtsschutzes in der Europäischen Union, 3. Aufl. 2014, § 35 Rn. 7.

28 *Nettesheim,* a.a.O. [o. Fn. 28], Art. 1 AEUV, Rn. 76.

der Vorrang vor nationalem Recht zu. Deutschland müsste dann beispielsweise gewährleisten, dass diese Fahrzeuge auch nach der StVO praktisch benutzt werden dürfen.

Setzt ein Mitgliedsstaat diese Anforderungen nicht um, kann die fragliche ECE-Regel als Bestandteil der RL 2007/46/EG unter bestimmten Voraussetzungen auch unmittelbar anwendbar werden: Erforderlich sind insbesondere der Ablauf der Umsetzungsfrist, ein Verstoß gegen die Umsetzungspflicht sowie die Durchgriffseignung, nach der die Richtlinie inhaltlich unbedingt und hinreichend genau sein muss.[29] Gem. Art. 34 Abs. 2 S. 2 RL 2007/46/EG sind Termine anzugeben, ab denen die UN/ECE-Regelung oder ihre Änderungen verbindlich gelten. Auch die Durchgriffseignung wäre unproblematisch zu bejahen, da kaum eine eindeutigere und bestimmtere Vorgabe denkbar ist, als dass eine ECE-Regel ab einem bestimmten Zeitpunkt i.R.d. bestehenden Genehmigungsverfahrens angewendet werden soll. Nach diesem Zeitpunkt würde diese daher unmittelbare Gültigkeit entfalten, etwa entgegenstehendes nationales Recht müsste unangewendet bleiben.

II. Verhältnis von ECE-Regeln und Wiener Übereinkommen

Fraglich ist weiter, welches Verhältnis zwischen europäischem Zulassungsrecht und WÜ besteht. Wie dargestellt bindet das WÜ als völkerrechtlicher Vertrag lediglich die Vertragsstaaten und entfaltet keine unmittelbare innerstaatliche Wirkung. Nach hier vertretener Auffassung stellt die bevorstehende Änderung des WÜ einen weitgehenden Gleichlauf zu den ECE-Regeln her: Automatisierte Fahrzeuge, die mit den ECE-Regeln vereinbar sind, wären daher auch als nach dem WÜ zulässig anzusehen. Folgt man dem nicht (oder würde eine ECE-Regel gänzlich fahrerlose autonome Pkw ermöglichen), wäre es denkbar, dass die europäischen Länder bei der Umsetzung des europäischen Zulassungsrechts gegen ihre vertraglichen Pflichten aus dem WÜ verstoßen könnten. Völkerrechtliche Verträge, die lediglich die EU-Mitgliedstaaten, nicht aber die Union abgeschlossen haben, entfalten innerhalb der Unionsrechtsordnung jedoch grundsätzlich keine Rechtswirkungen.[30] Eine Unionsinterne Wirkung könnte sich jedoch nach den Grundsätzen der sog. funktionellen Rechtsnachfolge ergeben, durch die

29 Ausführlich dazu *Nettesheim,* a.a.O. [o. Fn. 28], Art. 288 AEUV, Rn. 142.
30 *Dörr*, in: *Grabitz/Hilf/Nettesheim,* a.a.O. [o. Fn. 28], Art. 47 EUV, Rn. 113.

die Union (im Innenverhältnis) in eine bestehende völkerrechtliche Bindung der Mitgliedstaaten eintritt.[31] Dazu wäre erforderlich, dass alle Mitgliedstaaten Vertragsparteien sind und sämtliche Befugnisse der Mitgliedstaaten im sachlichen Anwendungsbereich des Vertrages als ausschließliche Zuständigkeit auf die Union übergegangen sind.[32] In Bezug auf das Wiener Übereinkommen ist bereits die erste Voraussetzung nicht erfüllt: Die EU-Mitgliedsländer Malta, Irland und Zypern sind dem WÜ (wohl aufgrund der Insellage) nicht beigetreten.

Sollte also eine ECE-Regel für automatisiertes Fahren erstellt und von der EU akzeptiert werden, würde diese dem innerstaatlichen Recht der EU-Mitgliedsländer sowie dem WÜ vorgehen.

Eine andere Beurteilung könnte sich möglicherweise in Bezug auf das (zwar nicht von Deutschland, aber von vielen anderen EU-Staaten unterzeichnete) Genfer Abkommen über den Straßenverkehr von 1949 ergeben.[33] Dieses enthält in Art. 8 und Art. 10 ähnliche Anforderungen wie das WÜ. Da das Genfer Abkommen vor dem 1.1.1958 geschlossener wurde, werden die aus diesem resultierenden Rechte und Pflichten durch die EU-Verträge gem. Art. 351 Abs. 1 AEUV nicht berührt. Im Falle eines Konflikts gehen der Altvertrag und die nationalen Vorschriften, die dessen Umsetzung dienen, dem Unionsrecht mithin vor.[34] Sollte die EU automatisiertes Fahren ermöglichen, müsste dieses in den Vertragsstaaten des Genfer Übereinkommens gleichwohl unzulässig bleiben, sofern sich dem Genfer Übereinkommen entsprechende Einschränkungen entnehmen lassen. Soweit ersichtlich, ist die Vereinbarkeit des Genfer Übereinkommens mit automatisierten Fahrzeugen in Europa bislang nicht untersucht worden. In den an dem Abkommen ebenfalls beteiligten USA wird die Ansicht vertreten, dieses stünde automatisiertem Fahren nicht entgegen.[35] Zwar soll das Genfer in ähnlicher Weise wie das Wiener Übereinkommen modifiziert werden.[36] Anders als für das Wiener Übereinkommen hat die (ebenfalls zustän-

31 Ebd., Rn. 50.

32 Ebd.

33 Einsehbar unter www.unece.org/fileadmin/DAM/trans/conventn/Convention_on_Road_Traffic_of_1949.pdf.

34 *Schmalenbach*, in: *Calliess/Ruffert*, EUV/AEUV, 4. Auflage 2011, Art. 351 AEUV, Rn. 11; *Lorenzmeier*, in: *Grabitz/Hilf/Nettesheim*, a.a.O. [o. Fn. 28], Art. 351 AEUV, Rn. 16.

35 *Smith*, Automated Vehicles are Probably Legal in the United States, 2012, S. 14 ff.

36 Die Beschlussfassung war laut der Agenda eigentlich bereits i.R.d. 69 Sitzung im September 2014 geplant, ECE/TRANS/WP.1/146, abrufbar unter: www.unece.org

dige) WP.1 für das Genfer Übereinkommen bislang aber noch keinen Änderungsvorschlag beschlossen, der Änderungsprozess wurde noch nicht eingeleitet.

E. Zusammenfassung

Bislang stehen die ECE-Regeln sowie das Wiener Übereinkommen über den Straßenverkehr von 1968 (WÜ) der Einführung automatisierter Fahrzeuge entgegen. Anfang 2014 wurde jedoch eine Änderung des Übereinkommens beschlossen, die vermutlich bis Mitte 2016 in Kraft treten wird. Nach hier vertretener Auffassung werden durch S. 1 des neu eingefügten Art. 8 Abs. 5bis WÜ beliebige automatisierte Fahrzeuge, die nach den ECE-Regeln zulässig sind, auch mit dem WÜ in seiner geänderten Form vereinbar. Gleiches dürfte gem. Art. 8 Abs. 5bis S. 2 auch für Assistenzsysteme gelten, die theoretisch übersteuerbar oder ausschaltbar sind, vom Fahrer aber nicht ständig überwacht werden müssen. Gem. Art. 3 Abs. 1 WÜ wäre Deutschland dann verpflichtet, auch seine innerstaatlichen Verkehrsregeln, die StVO, entsprechend anzupassen.

Vorrangig sind in Deutschland allerdings die ECE-Regeln zu beachten, die durch den Verweis in RL 2007/46/EG Bestandteil des europäischen Rechts sind. Als solches gehen sie grundsätzlich jeglichem nationalen Recht und auch den Verpflichtungen aus dem WÜ vor. Insbesondere aufgrund der Einschränkungen in ECE-Regel 79 sind bislang jedoch nur Assistenzsysteme genehmigungsfähig, bei denen der Fahrer immer die Hauptverantwortung für das Führen des Fahrzeugs behält und etwaige Lenkeingriffe jederzeit übersteuern kann.

/fileadmin/DAM/trans/doc/2014/wp1/ECE-TRANS-WP1-146e-edit.pdf., zuletzt abgerufen am 22.10.2014.

Der Sicherheitsnachweis für autonome Fahrzeuge

Dipl.-Ing. Walther Wachenfeld,
Prof. Dr. Hermann Winner,
Technische Universität Darmstadt

A. Einleitung

Wird in der Literatur über autonome Fahrzeuge geschrieben, geht dies momentan einher mit der »Vision Zero«, darunter ist die Reduktion der Anzahl von tödlich endenden Unfällen bis auf Null zu verstehen. Oft wird dabei folgenden Überlegung angestellt: Der Mensch verursacht in aktuellen Fahrzeugen durch sein falsches Handeln 9X %[1] aller Unfälle. Würde der Fahrer im Zuge der Entwicklung automatisierter Fahrzeuge durch einen Fahrroboter ersetzt, entfiele dieses falsche Handeln des Menschen als Fehlerquelle. Der aufgrund dieser Überlegung erwartete Sicherheitsgewinn ist jedoch nur erzielbar, wenn der Fahrroboter seltener und weniger gravierend falsch handelt als ein menschlicher Fahrzeugführer. Dieser Sicherheitsnachweis wurde bis zum heutigen Tage noch nicht erbracht. Die damit aus technischer Sicht einhergehenden Herausforderungen sind Gegenstand des vorliegenden Beitrags.[2]

Zunächst erfolgt eine Definition und Beschreibung des Begriffs »autonomes Fahren«. Anschließend werden relevante Elemente des Stands der Technik von Testverfahren als Teil des Entwicklungsprozesses für Fahrzeuge im Serieneinsatz beschrieben. Der Unterschied zum autonomen Fahren wird aufgezeigt und die sich ergebenden Herausforderungen erläutert. Als Ergebnis wird diskutiert inwieweit aktuell verfügbare Fahrzeuge mit zukünftigen autonom fahrenden Fahrzeugen verglichen werden können und welche Herausforderungen von Wissenschaft und Technik für einen belastbaren Sicherheitsnachweis noch zu bewältigen sind.

1 An dieser Stelle ist bewusst keine exakte Zahl genannt, denn die Angaben streuen – abhängig von der Quelle – um die 90 %.

2 Die hier vorgestellten Ergebnisse sind aus Arbeiten zum Projekt »Autonomes Fahren« der Daimler und Benz Stiftung entstanden. Eine Langversion wird in dem gleichnamigen Springerbuch veröffentlicht: *Maurer/Gerdes/Lenz/Winner* (Hg.), Villa Ladenburg - Autonomes Fahren, 2015, im Erscheinen.

B. Definition des autonomen Fahrens

Der Begriff des autonomen Fahrens ist im Allgemeinen nicht klar definiert. In diesem Artikel wird unter dem Begriff des autonomen Fahrens zum einen der Automationsgrad »Vollautomatisiert« nach BASt[3] verstanden, der im wesentlichen den Automatisierungsstufen »Vollautomatisiert« plus »Fahrerlos« des VDA, »Full Self Driving Automation« der NHTSA[4] und »High and Full Automation« der SAE[5] entspricht.[6] Zum anderen wird *Maurer et al.*[7] folgend davon ausgegangen, dass die Selbstbestimmung des Fahrroboters »im Rahmen eines übergeordneten (Sitten)-Gesetzes« stattfindet, welches der Mensch vorgibt. Somit ist ausgeschlossen, dass der Fahrroboter das Ziel einer Fahrt ändert, ohne die Bestätigung eines autorisierten Menschen erlangt zu haben. Ausgehend von dieser Definition ist eine Vielzahl unterschiedlicher Use-Cases des autonomen Fahrens denkbar. Dazu gehört ein autonomes Valet-Parken, bei dem das fahrerlose Fahrzeug selbstständig einen Parkplatz aufsucht.

Ein anderer denkbarer Use-Case wäre der Autobahnautomat, der auf autobahnähnlichen Straßen komplett die Fahrzeugführung übernimmt und das Fahrzeug in jeder Situation in den risikominimalen Zustand überführen kann. Der Mensch könnte die Verantwortung so vollständig an den Fahrroboter abgeben. Als »Königsdisziplin« der Fahrzeugautomatisierung dürfte der Use-Case des Vehicle-on-Demand anzusehen sein: Der Fahrroboter fährt mit und ohne Insassen und überführt das Fahrzeug, wenn erforderlich, in den risikominimalen Zustand. Ein menschlicher Eingriff ist nicht vorgesehen.[8]

3 *Gasser et al.*, Rechtsfolgen zunehmender Fahrzeugautomatisierung, Berichte der Bundesanstalt für Strassenwesen – Fahrzeugtechnik, Heft F 83.

4 US National Highway Traffic Safety Administration (NHTSA), Preliminary Statement of Policy Concerning Automated Vehicles, May 30, 2013.

5 SAE International's levels of driving automation for on-road vehicles, Standard J3016, abrufbar unter: http://standards.sae.org/j3016_201401.

6 Eine übersichtliche Darstellung der Automatisierungsstufen und eine Gegenüberstellung verschiedener gebräuchlicher Bezeichnungen finden sich im Anhang.

7 *Maurer/Gerdes/Lenz/Winner* (Hg.), Villa Ladenburg - Autonomes Fahren, 2015, im Erscheinen.

8 Mit einer genaueren Beschreibung der Use-Cases: *Wachenfeld et al.*, Use-Cases des autonomen Fahrens, in: *Maurer/Gerdes/Lenz/Winner* (Hg.), Villa Ladenburg - Autonomes Fahren, 2015, im Erscheinen.

C. Sicherheitsnachweis für autonomes Fahren: Stand der Technik

Ist der Sicherheitsnachweis für ein System zu erbringen, muss der Blick zwingend auf den Stand der Wissenschaft und Technik der jeweiligen Entwicklungsmethodik gerichtet werden, denn nach *Bauer*[9] »grenzt der Stand von Wissenschaft und Technik in der Produkthaftung den – verschuldensfreien – Entwicklungsfehler vom verschuldensbegründenden Konstruktionsfehler ab«. Würden zum heutigen Tage die oben beschriebenen autonomen Fahrzeuge entwickelt, sähe man sich mit der Frage konfrontiert, was den aktuellen Stand der Technik für den Sicherheitsnachweis der autonomen Fahrzeuge bilden würde. Ein Ansatz könnten Testverfahren für aktuelle Fahrzeuge im Serieneinsatz sein. Im Folgenden wird geprüft, inwiefern diese eine valide Aussage auch über die Sicherheit autonomer Fahrzeuge liefern könnten. Dazu ist zu untersuchen, ob die Grundvoraussetzungen, die den Einsatz der heutigen Testverfahren rechtfertigen, auch bei dem autonomen Fahren weiterhin gegeben sind. Sollte dies nicht der Fall sein, wäre anschließend zu prüfen, inwieweit die Verfahren dennoch anwendbar sind.

Zunächst zu den Grundvoraussetzungen: Nach *Schuldt et al.*[10] ist der erste Schritt eines Testverfahrens die Analyse des Systems. Während der Analyse werden die Grundvoraussetzungen definiert, innerhalb derer das zu entwickelnde System betrieben werden soll. Stark vereinfacht sind das für aktuelle Fahrzeuge der öffentliche Straßenverkehr mit all seinen Herausforderungen sowie der Fahrer mit seinen Eigenschaften als Führer des Fahrzeugs. In der Norm zur funktionalen Sicherheit der Automobilindustrie, der ISO 26262, wird genau diesem fahrzeugführenden Menschen durch die sog. Kontrollierbarkeit Rechnung getragen:

> Controllability: In the hazard analysis and risk assessment (see ISO°26262-3, Clause°7), credit can be taken from the ability of the driver, or other endangered persons, to control hazardous situations.

Dabei wird dem Menschen folgendes zugeschrieben:

> It is assumed that the driver is in an appropriate condition to drive with respect to the general population (for example not exhausted), has the appropriate driver training (has a driver's license) and is complying with legal regulations.

9 *Bauer*, Notwendiges Wissen vom Recht für Prüfingenieure, ZfP-Zeitung, Ausgaben 66 bis 68, 1999, http://www.ndt.net/article/dgzfp/dach66/bauer/bauer.htm (zuletzt abgerufen am 10.11.2014).

10 *Schuldt et al.*, Effiziente systematische Testgenerierung für Fahrerassistenzsysteme in virtuellen Umgebungen, in: AAET 2013.

Die Norm, aus der die Zitate entnommen sind, bildet aktuell die Grundlage der Entwicklungsmethodik für Elektrische-/Elektronische- und programmierbare Elektronische-Systeme, zu denen sämtliche Ausprägungen der Fahrzeugautomatisierung gehören, die heute im Markt erhältlich sind. Der Definition des Automatisierungsgrads nach BASt folgend, entsprechen heutige Fahrzeuge den Automatisierungsgraden »Driver Only«, »Assistiert« oder »Teilautomatisiert«. Diesen Automationsgraden ist nach *Gasser et al.* gemein, dass der Fahrer das System dauerhaft überwachen muss, auch wenn Längs- und Querführung durch die Automation ausgeführt werden. Ist dieses erfüllt, kann die ISO 26262 sowohl für den Entwicklungsprozess im Ganzen als auch für den Sicherheitsnachweis zu Rate gezogen werden. Dem vielfach eingesetzten V-Modell entsprechend wird eine Identifikation und Bewertung von Risiken mithilfe der Risikomatrix (s. Abb.1) ausgeführt.

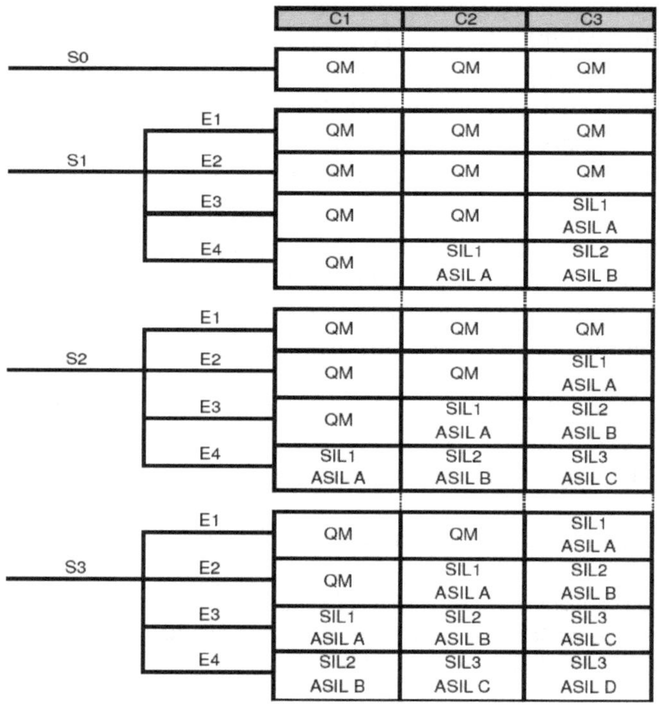

Abbildung 1: ISO 26262 - Risikograph

Dabei ergibt sich aus der Kombination von Schwere (englisch *severity*), Exponierung (englisch *exposure*) und der *Kontrollierbarkeit* (englisch *controllability*) der sog. »Automotive Safety Integrity Level« (ASIL). Dieses Level definiert, ob und wie einem unzumutbaren Risiko in der Entwicklung entgegenzuwirken ist. Entgegenwirken meint in diesem Zusammenhang beispielsweise das Reduzieren von Ausfallwahrscheinlichkeiten, die Einführung einer Redundanz, aber auch methodische Ansätze des Testens, zu denen geraten wird, wie zum Beispiel ein »stress test«. An dieser Stelle ist festzuhalten, dass die Grundvoraussetzung »Fahrer überwacht das System dauerhaft« den gesamten Entwicklungsprozess beeinflusst, denn die zuvor beschriebene Identifikation und Bewertung von Risiken steht am Beginn einer Fahrzeugentwicklung.

Soll nun die »Phasengrenze« von der Teilautomatisierung hin zur Hoch- und Vollautomatisierung überschritten werden, um das autonome Fahren zu ermöglichen, ändern sich die Grundvoraussetzungen: Die in der ISO 26262 beschriebene, durch den fahrzeugführenden Menschen gegebene Kontrollierbarkeit entfällt. Nichtsdestotrotz wird es weiterhin zu platzenden Reifen und Ausfällen von anderen sicherheitsrelevanten Systemen kommen, die es zu beherrschen gilt. Bei einem automatisierten Fahrzeug ist diese Beherrschbarkeit durch die Automation selbst – die hier Fahrroboter genannt wird – darzustellen. Dementsprechend wird auch für das vollautomatisierte Fahrzeug eine Bewertung dieser Beherrschbarkeit notwendig sein. Den Unterschied zwischen Tests der Beherrschbarkeit des Fahrroboters und Tests der Kontrollierbarkeit durch den Menschen bilden folgende drei angenommene Voraussetzungen (siehe Zitat oben):

- Regeln werden durch den Menschen eingehalten,
- Fähigkeiten des Menschen wurden durch den Führerschein getestet und
- die Verfassung des Menschen ist für das Fahrzeugführen geeignet.

Infolgedessen ist nach dem im EU-Projekt RESPONSE III erarbeiteten Code of Practice[11] für die valide Bestimmung der Kontrollierbarkeit unter gewissen Voraussetzungen folgender Ansatz möglich:

> Practical testing experience revealed that a number of 20 valid data sets per scenario can supply a basic indication of validity.

11 RESPONSE Consortium, Code of practice for the design and evaluation of ADAS, Response III, a PReVENT Project, 2006.

Es stellt sich die Frage, wie diese Anforderung auf die Bestimmung der Beherrschbarkeit und somit den Test des Fahrroboters übertragen werden kann. Mindestens die letzten zwei Voraussetzungen sind für den Fahrroboter nicht mehr zutreffend und somit ist der Test mit dem Ansatz aus dem Zitat oben nicht mehr anwendbar. Zwei Lösungsmöglichkeiten verbleiben: Entweder das autonome Fahrzeug wird in den öffentlichen Straßenverkehr gebracht und dort so lange einem Feldtest unterzogen, bis mit einer definierten Irrtumswahrscheinlichkeit bestätigt werden kann, dass dieses System das Risiko im Straßenverkehr nicht erhöht. Der Risiko-Vergleichswert lässt sich dabei aus vorhandenen Zahlen für die Anzahl von Unfällen sowie die dazu gehörigen Fahrleistungen im Einsatzgebiet ermitteln. In *Wachenfeld/Winner*[12] wird die theoretisch notwendige Länge der Testfahrt hergeleitet, die für einen statistisch belastbaren Nachweis notwendig wäre. Die ermittelte sehr hohe Anzahl an erforderlichen Kilometern – mehrere hundert Millionen – ist abhängig von verschiedenen Einflussgrößen; insbesondere ist diese jedoch auf die im Straßenverkehr bereits heute bestehende hohen Sicherheit zurückzuführen, aufgrund derer Unfälle nur sehr selten auftreten. Ein ausschließlich auf Testfahrten gestützter Sicherheitsnachweis würde dementsprechend mit großer Wahrscheinlichkeit einen ökonomisch nicht vertretbaren Aufwand erzeugen. Daher sollte aus heutiger Sicht der zweite Lösungsansatz im Fokus der Wissenschaft stehen. Dieser benötigt, wie auch bei vom menschen geführten Systemen vorhanden, einen validen Satz von Annahmen, die die Reduktion des Testaufwands ermöglichen. Wie zuvor gezeigt wurde, sind für aktuelle Systeme die Eigenschaften des Menschen die Grundlage, auf der die Annahmen beruhen. Für die Untersuchung der Kontrollierbarkeit wird dies bisher ausdrücklich mit Erfahrungen aus vorherigen Tests begründet.

Aus den aktuell existierenden Annahmen lassen sich auch für die Absicherung des autonomen Fahrens Erkenntnisse ableiten. Die Metrik des Sicherheitsnachweises stützt sich bislang auf Annahmen ganz unterschiedlicher Natur: Auf der einen Seite wird davon ausgegangen, dass der Test gewisser Situationen ausreicht, um eine valide Aussage für den Großteil der möglichen restlichen Situationen zu treffen. Diese Prämisse betrifft die Auswahl der Testcases. Die zweite Annahme beschreibt, welche Werkzeuge als geeignet anzusehen sind, um den Test überhaupt durchführen zu können. Mit Werkzeugen sind hier als Beispiel modellbasierte Testtools,

12 *Wachenfeld/Winner*, Die Freigabe des autonomen Fahrens, in: *Maurer/Gerdes/Lenz/Winner* (Hg.), Villa Ladenburg - Autonomes Fahren, 2015, im Erscheinen.

Fahrsimulatoren, Tests auf Testgeländen oder auch Testfahrten im öffentlichen Straßenverkehr gemeint. Mit entsprechenden zu identifizierenden Annahmen gilt es den Test und somit den Sicherheitsnachweis autonomer Fahrzeuge ökonomisch darzustellen, wobei die Validität der Annahmen nachzuweisen ist.

Der Blick in die Vergangenheit der Automobilgeschichte zeigt, warum es unter anderem möglich war, eine Technologie wie das Automobil einzuführen und woher diese Annahmen kamen. Zunächst sei angemerkt, dass die Einführung keineswegs ohne Widerstände vonstatten ging. Allerdings herrschten 1886 im Straßenverkehr sowie generell in der Gesellschaft andere Ansprüche an Sicherheit. Zusätzlich unterschied sich das damalige Fahrzeug erheblich von Use-Cases wie dem Autobahnautomaten oder dem Vehicle-on-Demand. Die »rohe Sterbeziffer«[13] lag 1886 nach Angaben des Statistischem Bundesamts[14] bei ca. 24 Gestorbenen je 1000 Einwohnern. Seit 2000 schwankt diese Zahl in Deutschland ungefähr um den Wert 10. Wird außerdem das Risiko, das von dem Fahrzeug auf einen ungeschützten Dritten ausgeht, an der kinetischen – also der in der Bewegung gespeicherten – Energie gemessen ($E_{kin} = ½ mv^2$), dann lag diese aufgrund der früher niedrigeren Fahrgeschwindigkeiten und geringeren Fahrzeugmasse um den Faktor 300[15] unter dem von heutigen Pkw. Somit kam um das Jahr 1900 eine aus heutiger Sicher höhere Risikotoleranz mit einem geringeren vom Fahrzeug ausgehenden Risiko zusammen. Über die Jahre wurden die Fahrzeuge schwerer, schneller und ihre Anzahl stieg, sodass auch das von ihnen ausgehende Risiko weiter zunahm. Nicht ohne Grund stiegen daher die Unfallzahlen, sodass Schritt für Schritt sowohl regulativ als auch technisch Schutzmaßnahmen ergriffen wurden, um die Unfallzahl zu reduzieren. Während dieser mehr als 150 Jahre kristallisierten sich die oben beschriebenen Annahmen als ökonomisch begründet, aber auch als aus der Sicherheitsperspektive valide heraus. Heutzutage sind die Sicherheitsanforderungen höher und ebenso das Risiko, das von einem autonomen Fahrzeug –

13 Definition: »Berechnet wird die rohe Sterbeziffer durch Division der Zahl der Gestorbenen multipliziert mit 1.000 und dividiert durch die Zahl der Einwohner (Jahresdurchschnitt), www.bib-demografie.de/SharedDocs/Glossareintraege/DE/R/rohe_sterbeziffer.html?nn=3072818.

14 Statistischem Bundesamt, Berechnungen: BiB, http://www.bib-demografie.de/DE/ZahlenundFakten/08/Abbildungen/a_08_01_gestorbene_rohe_sterbeziffer_d_ab1841.html?nn=3072818, zuletzt abgerufen am 11.11.2014.

15 Vergleich VW Golf VII bei 130 km/h und Benz Patent-Motorwagen Nummer 1: $300 \approx (1205 \text{ kg} \cdot 36^2 \text{ m}^2/\text{s}^2) / (265 \text{ kg} \cdot 4{,}4^2 \text{ m}^2/\text{s}^2)$. Werte Wikipedia.com, am 10.11.2014 entnommen.

abhängig von dessen konkretem Einsatz – ausgeht. Speziell bei einem Autobahnautomaten ist das von diesem Fahrzeug potenziel ausgehende Risiko weitaus größer als das von einem um 1900 existierenden Fahrzeug. Entsprechend ist ein »Trial and Error«-Ansatz für die Einführung autonomer Fahrzeuge kaum denkbar. Die benötigten Annahmen müssen daher durch Industrie und Wissenschaft systematisch entwickelt und abgestimmt werden. Mögliche erste Ansätze hierzu werden in *Wachenfeld/Winner*[16] vorgestellt.

D. Fazit

Für diesen Beitrag ist abschließend festzuhalten: Die aktuelle Testmethodik ist aufgrund sich unterscheidender Grundannahmen nicht direkt auf die Fahrzeugautomatisierung übertragbar. Allerdings lässt sich aus der derzeitig bei aktuellen Systemen angewendeten Testmethodik der Schluss ziehen, dass für den Sicherheitsnachweis bei autonomen Fahrzeugen zwei valide Annahmen benötigt werden: Zum einen die Annahme über die auszulassenden Testfälle und zum anderen die Annahme über die einzusetzenden Testwerkzeuge. Wie gezeigt wurde, muss der Weg zu den Annahmen ein anderer sein, denn die heutige Gesellschaft ist ein im Vergleich zu 1886 höheres Niveau an Sicherheit im Straßenverkehr gewohnt und die Entscheidung steht noch aus, ob dieses für den Zusatznutzen des autonomen Fahrens »aufgegeben« wird. Für den Sicherheitsnachweis bei autonomen Fahrzeugen ist der Stand der Technik nicht neu zu definieren, jedoch ist ein neues Element, nämlich die Überprüfung des den Fahrer ersetzenden Fahrroboters, einzuführen.

16 *Wachenfeld/Winner*, Die Freigabe des autonomen Fahrens, in: *Maurer/Gerdes/Lenz/Winner* (Hg.), Villa Ladenburg - Autonomes Fahren, 2015, im Erscheinen.

Fahrzeugautomatisierung unter dem Blickwinkel des Produktsicherheits- und Produkthaftungsrechts

Prof. Dr. Thomas Klindt,
Noerr LLP

A. Einleitung

Die technische Entwicklung der individuellen Mobilität steht bekanntlich mit der seit einigen Jahren stetig weiterentwickelten Möglichkeit vollautomatisierten Fahrens[1] vor einer wegweisenden Zäsur: Aus dem bisherigen Fahrer des Autos wird nunmehr ein Passagier des Autos. Und da es einen solchen Passagier nicht einmal zwingend geben muss, ist parallel auch das vollkommen insassenlose Fahrzeug (etwa im Fracht- und Nutzlast-Transport) vorstellbar.

Recht ist immer eine rechts- und sozialpolitische Antwort auf Umstände in der Gesellschaft, die ihren Regelungsbedarf in gesetzgeberische Bahnen lenkt. Daher verwundert es nicht, dass die aktuelle Rechtslandschaft 2014 unverändert vom Fahrer als dem zentralen »Steuerungsinstrument« jeder Mobilität ausgeht. Denn genau dies war in den letzten knapp 140 Jahren[2] wesensbildend für die Mechanisierung und Motorisierung des ursprünglichen Kutschfahrzeugs. Dies zeigt sich illustrativ daran, dass Art. 1 lit. v des Wiener Übereinkommens zum Straßenverkehr von immerhin 1968 Fahrzeugführer und Tierführer noch gleich setzt.[3]

1 Vgl. nur *Die Welt* vom 29.1.2013: »Ab 2016 fahren Autos selbst im Straßenverkehr«, http://www.welt.de/113213023.

2 Das Jahr 1886 gilt mit dem Benz Patent-Motorwagen Nummer 1 als das Geburtsjahr des modernen Automobils mit Verbrennungsmotor. Allerdings bauten bereits zuvor andere Erfinder motorisierte Gefährte mit ähnlichen oder gänzlich anderen Motorkonzepten.

3 Wobei das Übereinkommen nunmehr gemäß des Vorschlags der WP.1 der UN-ECE der Vereinten Nationen vom März 2014 so geändert werden soll, dass Systeme, mit denen ein Pkw autonom fährt, zulässig sind, wenn sie jederzeit vom Fahrer gestoppt werden können, siehe Anhang zu ECE/TRANS/WP.1/145, www.unece.org/fileadmin/DAM/trans/doc/2014/wp1/ECE-TRANS-WP1-145e.pdf.

B. Parallelität von Halter-, Fahrer- und Herstellerhaftung

Die derzeit geltende deliktische Rechtslage knüpft – schon im untechnischen Sinne – die Haftungszuweisung an die Fehlerverantwortlichkeit. Namentlich im Fall des Verkehrsunfalls ist es in den ganz überwiegenden Fällen der Fehler eines Verkehrsteilnehmers; nur in seltenen, dann aber industriell spektakulären Fällen ist der Unfall durch einen vom Verkehrsteilnehmer nicht beeinflussbaren Produktdefekt provoziert worden (siehe die derzeitige Diskussion um gefährliche Zündschloss-Einraster von Fahrzeugen des US-amerikanischen GM-Konzerns[4]). Die straßenverkehrsrechtliche Unfallhaftung hat daher eine unüberschaubare Anzahl an gerichtlichen Entscheidungen hervorgerufen, die samt und sonders dem Einflussfaktor »Mensch« auf das Straßenverkehrsgeschehen Rechnung zu tragen versuchen. Vergleichbares gilt auch in anderen Verkehrsmedien wie der Luftfahrt oder der Schifffahrt.

Produkthaftungsrechtliche Rechtsprechung zur Verantwortung eines Kfz-Herstellers für reale Schadensfälle ist dagegen rar, was ganz zuvörderst auf die Seltenheit einer entsprechenden Ursachenkette zurückzuführen sein wird. Die entsprechenden Urteile sind allerdings oft maßstabbildend für die produkthaftungsrechtliche Rechtsprechung geworden und haben den Bereich entscheidend mitgeprägt (vgl. Monza-Steel-Fall, Honda-Urteil, BMW-Airbag-Urteil[5]).

Als Kernelement der Produkthaftung ist die zivilrechtliche Verantwortung des Herstellers für Folgeschäden beim Inverkehrbringen eines als fehlerhaft erkannten Produkts anzusehen.[6] Neben die zivilrechtliche Haftung des herstellenden Unternehmens kann eine strafrechtliche Verantwortlichkeit einzelner Unternehmensmitarbeiter treten, wenn und soweit die Staatsanwaltschaft im Rahmen ihrer Ermittlungen ein konkretes schuldhaftes

4 Siehe bspw. *Die Welt* vom 27.3.2014: »Wie ein defektes Zündschloss zum Desaster führte«, www.welt.de/126280935; *SZ* vom 4.7.2014: »GM wusste offenbar schon 1997 von Zündschloss-Problemen«, www.sueddeutsche.de/wirtschaft/rueckrufe-von-general-motors-gm-wusste-offenbar-schon-von-zuendschloss-problemen-1.2031402.

5 LG München II, in: Schmidt-Salzer, ES Produkthaftung, 1982, Nr. IV.28 S. 296 ff. – *Monza Steel*; BGHZ 99, 167 – *Motorrad-Lenkerverkleidung (Honda)*; BGHZ 181, 253 – »*Airbag*«.

6 Vgl. eingehend MüKo BGB/*Wagner*, 6. Auflage 2013, § 823, Rn. 617 ff.

Versagen[7] als unfallauslösend identifizieren kann. Neben einer ingenieurtechnischen Verantwortung für konzeptionelle Fehler im technischen Design und/oder in der Fertigungs- und Fabrikationskontrolle kommen hier insbesondere managementseitige Verantwortlichkeiten für unterbliebene Produktrückrufe trotz Kenntnis vom sicherheitsrelevanten Produktmangel als Strafrechtsrisiko in Betracht.

In den letzten zwei Jahrzehnten stetig an Bedeutung gewonnen hat schließlich der Bereich des öffentlich-rechtlichen Produktsicherheitsrechts, also des regulatorischen Bereichs präventiver und/oder repressiver Marktüberwachung. Verfahren wie eine Typengenehmigung[8] beschreiben dabei ein regulatives Markt-Zulassungsrecht, während Marktüberwachungsmaßnahmen nach der allgemeinen Produktsicherheitsrichtlinie 2001/95/EG für eine (im Übrigen stichprobenartige) Marktkontrolle im Bereich der Kfz stehen. Gemeinsam ist beiden Kontrollregularien selbstredend, dass die Befugnis zum amtlichen Tätigwerden nicht vom konkreten Vorliegen eines Unfalls abhängt, sondern anlassunabhängig erfolgen kann.[9] Und auch die Pflicht zur behördlichen Notifikation hängt »lediglich« von der Identifikation sicherheitsgefährdender Zustände, nicht von deren Realisierung ab.[10]

C. Paradigmenwechsel zum zentralen Produkthaftungsrecht

Eine vollautomatisierte, autonom pilotierte Mobilitäts-Konzeption nimmt – erkennbar – den Fahrer aus der etwaigen Fehlerverantwortlichkeit komplett heraus. Wer keinen Einfluss mehr auf das Geschehen hat, kann für das Geschehen strukturell nicht verantwortlich gemacht werden. Der Automobilindustrie ist deshalb klar, dass mit der technischen Chance zur Realisierung autonomer Fahrzeugmobilität ein enormer Verantwortungszuwachs für eine 100 %-ige Fehler- und Unfallfreiheit heranwächst: Denn die zeitgleich fortentwickelte Option telemetrischer wie auch externer Verfolgung von Fahrzeugbewegungen und -daten wird (unabhängig von der komplexen

7 Vgl. eingehend dazu Schönke/Schröder/*Schuster/Sternberg-Lieben*, StGB, § 15, Rn. 216 ff.

8 Für Kfz geregelt in der EG-Fahrzeuggenehmigungsverordnung.

9 Siehe § 26 Abs. 1 ProdSG.

10 Siehe § 6 Abs. 4 ProdSG.

Frage, wem diese Daten »gehören«[11]) eine Root-Cause-Analyse im Schadensfalle ermöglichen, wie sie in anderen, ebenfalls komplexen Industrien und Branchen des Maschinenbaus, der Medizintechnik oder der Gebäudetechnik nicht annähernd bekannt ist. Klar wird dabei auch sein, dass grosso modo im weltweiten Vertrieb haftungsrechtlich das »Tatort«-Prinzip gelten wird. Die Automobilindustrie wird sich also in der Entwicklung ihrer Autonomie-Konzepte oft damit auseinanderzusetzen haben, dass die schon jetzt vorhandenen unternehmensinterne Einteilungen in verschiedene Länderkategorien (etwa nach Fahrbahnoberflächen-Qualität, Klimazonen, Temperaturbedingungen und Fahrerverhalten) dann auch haftungsrechtlich zum Maßstab etwaiger Subsumtionen *under local law* gemacht werden. Der technische Entwicklungsfehler des autonomen Fahrzeugs, der sich »lediglich« in einigen Regionen chronisch auswirkt, ist und bleibt gleichwohl dann aus Sicht des lokalen Produkthaftungsrechts (s)ein entscheidender Fehler.[12] Dies wird spiegelbildlich noch einmal eine intensivere Herausforderung an eine weltweite Produktbeobachtung unter besonderem Augenmerk lokaler Besonderheiten sein. Spätestens hier wird dann auch die Frage des weltweiten Social-Media-Monitorings unter Bezug auf lokale Blogs, Twitter-Einträge oder Postings ungeahnte Relevanz erhalten.[13] Die Sicherheit des technischen Designs wird dabei auch zunehmend mit der Herausforderung konfrontiert werden, inwieweit das Thema Sabotagefestigkeit und Resilienz gegenüber Drittangriffen auf die »embedded-IT« eine sicherheitstechnische Forderung an den Hersteller sein wird, sein kann und sein darf. Erste Produktrückrufe deutscher Industrieunternehmen über bedrohliche Sicherheitslücken, die Hackerangriffe von außen erlauben, weisen den

11 Siehe in diesem Zusammenhang die Pressemitteilung des Deutschen Anwaltvereins (DAV) vom 13.8.2014: »Neuer Schutzmechanismus gegen unbefugte Eingriffe in Privatsphäre erforderlich – das Auto wird zum Verräter«, und Pressemitteilung vom 28.01.2014 der DAV-Arbeitsgemeinschaft Verkehrsrecht. Siehe ferner zum Verbot sog. »Dash-Cams« VG Ansbach, Urteil vom 12.8.2014 – AN 4 K 13.01634 und zum Verbot der gerichtlichen Verwertung von Dash-Cam-Aufnahmen AG München, Beschluss vom 13.8.2014 – 345 C 5551/14, ZD 2014, 530.

12 Siehe zu länderspezifischen – u. U. geringeren – Sicherheitserwartungen auch *Foerste* in: *ders./Graf von Westphalen*, Produkthaftungshandbuch, 3. Aufl. 2012, § 24, Rn. 9 (»territoriales Ausstattungsermessen des Exporteurs«); OLG München VersR 2004, 866 – *Zentralverriegelung.*

13 Siehe zu der – sich erst in den Anfängen befindlichen – Diskussion über den Umfang der Produktbeobachtungspflichten im Internet *Hartmann/Schmidt*, Auswirkungen von Social Media auf die Produktbeobachtungspflicht eines Warenherstellers, BB-Sonderausgabe Recht-Automobil-Wirtschaft 2013, S. 37 ff.

Weg. Das Produkt wird offenbar als unsicher angesehen, obwohl der (kriminelle) Angriff von außen letztlich eine Produktsabotage ist. Hier ist das Recht noch sehr im Fluss; die weitere Diskussion wird abzuwarten sein.

Event-Data-Recording – Fluch oder Segen?

Ralf-Roland Schmidt-Cotta,
Continental Automotive GmbH

A. Einführung

Es ist den Organisatoren dafür zu danken, dass sie Gelegenheit geben, über ein Thema zu referieren, das in den letzten Jahren auf der europäischen und auf der nationalen politischen Bühne wieder an Fahrt gewonnen hat.

Zumindest die im Verkehrsrecht Tätigen sind schon seit Längerem mit dem Anliegen der Erhebung und Speicherung von Fahrzeugunfalldaten vertraut. Mancher hat auch schon vom Kienzle-Unfalldatenspeicher gehört, der in der Erwartung, dass der Gesetzgeber den Forderungen der Verkehrsgerichtstage entsprechen würde, seit rund zwanzig Jahren auf dem Markt ist.

Umso erstaunlicher muss es dem Bürger wie dem Unfallsachverständigen vorkommen, dass bis heute immer noch nichts in dieser Richtung geschehen ist. Erklärungen dafür gibt es mannigfache: Erst waren es Zuständigkeitsfragen: Anfang der 1980er Jahre wechselte die Zuständigkeit für kraftfahrzeugtechnische Vorschriften von den Mitgliedstaaten auf die europäische Ebene. Dann wurden Kostenfragen und parallel dazu Datenschutzprobleme geltend gemacht. Darauf komme ich später zurück.

Von der Ausbildung her Jurist, begleite ich im Auftrage meines Unternehmens und seiner Vorgänger diese Diskussionen seit 1996. Bei aller Schwerfälligkeit zur Erreichung substanzieller Fortschritte ist es eine spannende Arbeit, weil sie an einer Schnittstelle von Politik, Technik, Recht und unternehmerischen Interessen angesiedelt ist.

Und wie es ein schöner Zufall wollte, begann ich vor 41 Jahren in jenen altehrwürdigen Räumen der Alma Mater herbipolensis in der Domerschulstraße, in denen im Oktober 2014 auch die 2. Würzburger Tagung zum Technikrecht stattfand, meine ersten Vorlesungen zu besuchen.

Ich kann daher nicht verhehlen, dass es für mich eine besondere Freude war, an diesem Ort einen Vortrag halten zu dürfen, zumal in einem Jubiläumsjahr. Mindestens in der bayerischen Hochschullandschaft ist es bekannt, dass vor 200 Jahren Würzburg und seine Universität in den bayerischen Vielvölkerstaat aufgenommen wurden. Mit diesem Ereignis ursächlich verbunden war auch der Umstand, dass ich im Sommer 2014 schon einmal an diesen Ort geladen war, nämlich in die benachbarte Universitätskirche, um dort der Rede des Rektors Professor Forchel zu einem zweiten 200. Jubiläum beizuwohnen, nämlich dem der Gesellschaft der Mainländer, meiner Studentenverbindung.

Der Ort dieser Tagung weckte in mir darüber hinaus auch juristische Erinnerungen und zwar mit Blick auf Günter Spendel, den Vorgänger des Gastgebers der Würzburger Tagung – Professor Hilgendorf – auf dem Lehrstuhl für Strafrecht und Strafprozessrecht. Vor 40 Jahren trugen Spendel und sein Kollege Walter Sax eine Fehde über gewisse Strafrechtstheorien aus. Es ging um die zur Subjektivität, d.h. zur Rechtsbeugung einladende Beurteilung des Unwerts einer Straftat, namentlich bei Mord.

Uns Studenten in den Anfangssemestern nervte dieser, uns noch reichlich unverständliche Streit, denn je nachdem, bei wem man seine Arbeiten schrieb, musste man darauf achten, die richtige Theorie zu vertreten, um nicht über die Note für die Verbreitung bestenfalls noch so gerade eben vertretbarer Lehren abgemahnt zu werden. Ich bringe dafür heute sehr viel mehr Verständnis auf, und soweit ich das verfolgen kann, ist der Streit bis heute auch nicht ausgestanden und mündet möglicherweise in eine Reform des Mord-Paragrafen.

B. Die Entwicklung der Unfalldatenspeicherung

Mich weiter an mein Thema herantastend, sei zunächst festgehalten, dass die Problematik der subjektiven Beurteilung einer Tat auch das Leitmotiv bei der Unfalldatenspeicherung ist. Und in geschichtlichen Dimensionen zu messen ist auch die Diskussion um dieses Thema. Denn praktisch gleich weit zurück wie meine universitären Erinnerungen datieren auch die Diskussionen um dieses Thema. Und ähnlich intensiv wie unsere Professoren für ihre Theorien fochten, war auch der Streit um die Unfalldatenspeicherung.

Wie ich schon andeutete, hat auf diesem Gebiet der Deutsche Verkehrsgerichtstag seit 1973 mit seinen Entschließungen eine fruchtbringende Rolle gespielt. Erst auf dem letzten VGT im Januar 2014 hat er sich wieder dazu geäußert. In der Übersicht 1 ist die Historie der Unfalldatenspeicherung zusammengestellt.

History of Accident and Vehicle Event Data Recording

1971	Mandatory implementation of mecanical tachographs in EEC
1973	First call for ADR by German Traffic Court Conference, (enforced in 1976, 1979, 1980, 1983, 1984, 1990, 1995, 2003, 2004, 2007, 2011, 2014)
1994	General Motors start to equip their vehicles with kind of EDR »Sensing and Diagnostic modules«
1994	Start of retro-fit ADR solutions in Europe
1995	EU-SAMOVAR Project »Safety Assessment Monitoring On Vehicle with Automatic Recording« = field test of different ADR-solutions
1997	- Ford Motor Company start to equip their vehicles with EDR - BASt Study (Bundesanstalt für Straßenwesen) »ADR as source of information for accident analyses in the Pre-Crash-Phase«
2003	First US bill for EDR data use (California)
2004	EU Call for Proposals w.r.t. legislative action for EDR-Implementation
2006	- Mandatory implementation of digital tacographs in EU - Termination of VERONICA I Project
2008	US Federal Bill for mandatory EDR minimum requirements
2009	- Termination of VERONICA II Project - Start of consultations for 4th EU-Road Action Safety Programme 2011-2020
2010	Communication from the Commission on Road Safety 2011-2020 to the EP and the Council
2011	- NHTSA Vehicle Safety and Fuel Economy Rulemaking and Research Priority Plan 2011-2013 - EP calls the Commission to present EDR implementation schedule by 2012
2014	EP and EC COM (DG MOVE and DG Enterprise) release separate studies on EDR implementation and receive support from stakeholders

Übersicht 1: Entwicklung der Unfalldatenspeicherung in Europa und den USA

Ihren Ausgangspunkt hat die Diskussion bei den Tachographen oder Fahrtschreibern gefunden. Diese Geräte wurden in Deutschland ab Anfang der 1950er Jahre sukzessive Pflicht, in der EWG seit Anfang der 1970er Jahre. Sie dienen primär der Vermeidung unlauteren Wettbewerbs unter den Transportunternehmen und der damit einhergehenden negativen Auswirkungen auf die Sicherheit des Straßenverkehrs. Primär erfassen die Geräte dazu die Einhaltung und Nichteinhaltung der gesetzlich vorgeschriebenen Lenk- und Ruhezeiten der Berufskraftfahrer. Mit den traditionellen, runden Diagrammscheiben aus Pappe kann man aber auch Unfallanalyse betreiben. Die Strafverfolgungsbehörden haben diese, in der entsprechenden EU-Verordnung[1] und den nationalen Gesetzen nicht vorgesehene, aber sich technisch aufdrängende Möglichkeit, wie selbstverständlich bei ihren Ermittlungstätigkeiten genutzt. Der Beweiswert von Diagrammscheiben für die Feststellung der Geschwindigkeit ist seit langem anerkannt.[2]

Mit der Digitalisierung des Tachographen ab dem Jahre 2006 hat diese Nebenfunktion eine starke Einschränkung erfahren und bei der Unfallanalyse zu einem Rückschritt geführt. Plausible Schätzungen lassen den Schluss zu, dass damals 10-15 % aller Lkw- und Busunfälle in Deutschland nur dank der Diagrammscheiben-Analyse vernünftig aufgeklärt werden konnten. Unsere Fachleute untersuchten seinerzeit etwa die Hälfte der jährlich zur Untersuchung anfallenden ca. 5.000 Diagrammscheiben zum Zwecke der Unfallaufklärung. In den letzten 60 Jahren dürften es insgesamt weit über 200.000 Scheiben sein, die in Europa auf Anforderung von Gerichten und Sachverständigen zum Zwecke der Unfallaufklärung mikroskopisch und rechnerisch analysiert wurden.

Ab 1973 sehen wir in dieser geschichtlichen Übersicht jedenfalls viele Verkehrsgerichtstage, die sich mit dem Thema UDS oder EDR beschäftigt haben. Der Übersicht ist weiterhin zu entnehmen, ab wann es praktisch einsatzbereite Lösungen gab, nämlich ab etwa 1994 sowohl in den USA als auch in Europa. In den USA begann die Automobilindustrie von sich aus EDR einzubauen; in Europa war es vor allem die UDS-Nachrüstlösung.

1 Regulation (EEC) 3821/85 OF THE COUNCIL of 31 December 1985 on tachographs in road transport in der Fassung der Regulation (EC) No 561/2006 of the European Parliament and of the Council on the harmonisation of certain social legislation relating to road transport; gem. der REGULATION (EU) No 165/2014 OF THE EUROPEAN PARLIAMENT AND OF THE COUNCIL of 4 February 2014 on tachographs in road transport ist die zuvor genannte Verordnung zwar aufgehoben, gilt gem. Art 46 aber übergangsweise, d.h. bis zum Erlaß der technischen Anforderungen einstweilen weiter.

2 BGH NJW 1962, 586 ff.

Was die Argumente, die auf den Verkehrsgerichtstagen behandelt wurden, betrifft, finden wir schon in den frühen Stadien – d.h. in den 1970er und frühen 1980er Jahren – dieselben Argumente, die auch heute noch angeführt werden. An erster Stelle stehen dabei Aspekte zur Vermeidung unbefriedigender Sachverhaltsbewertungen, nämlich

- Beweismängel und
- die Unzuverlässigkeit von Zeugenaussagen.

Die Problematik des Subjektiven spielt also auch hier eine entscheidende Rolle – mittelbar auch auf der Richterseite. Demgegenüber steht die objektive, technikgestützte Beschreibung eines Tathergangs. Die weiteren in der Diskussion um die obligatorische EDR-Einführung nach wie vor wichtigen Aspekte sind:

- Nachweis bzw. Erschwerung von Versicherungsbetrug,
- Bessere Durchsetzung der Rechte von Unfallopfern,
- Die Beschleunigung von Gerichts- und Versicherungsverfahren,
- Gewinnung von verlässlichen Informationen für Zwecke der medizinische und sonstigen Forschung sowie eine Vielzahl von Präventionsmaßnahmen.

Andererseits führte der technische Fortschritt dazu, dass in den Verkehrsgerichtstagen auch neue Aspekte behandelt wurden: 1984 kam zum ersten Mal ein Problem auf die Tagesordnung, das in dem zunehmenden Mangel an Brems- und Schleuderspuren aufgrund des zunehmenden Einsatzes von ABS gesehen wurde. Ab 2000 wurden fast jährlich Fahrerassistenz und andere elektronische Systeme unter verschiedenen Gesichtspunkten behandelt, wie

- die Verantwortung des Fahrers versus der des Fahrzeugherstellers, also die Produkthaftungsthematik,
- die Information des Fahrzeugnutzers durch den Hersteller über eine etwaige Datenaufzeichnung,
- das Verhältnis von Datenschutz (Recht auf informationelle Selbstbestimmung) zu anderen Rechtsgütern wie Strafverfolgung, Unfallanalyse und Präventionsforschung.

Ab etwa 2000 wurde die in den USA geführte Debatte auch in Europa bekannt und begann die hiesige Diskussion zu beeinflussen. Ab etwa 2004 gingen in den amerikanischen Diskurs umgekehrt auch europäische Einflüsse ein und zwar aufgrund der hiesigen Erfahrungen mit UDS in Fuhrparken und später aufgrund der Erkenntnisse und Forderungen der VERONICA-Projekte.

Denn parallel zur technischen Entwicklung und den geänderten Zuständigkeiten begannen sich auch die europäischen Institutionen mit dem Thema zu beschäftigen – in Feldversuchen und in Gestalt der VERONICA-Projekte.

Das erste VERONICA-Projekt wurde nach einem entsprechenden Aufruf der EU-Kommission von uns zusammen mit vielen Partnern im Jahre 2004 entwickelt. 2005 und 2006 fand die eigentliche Projektarbeit statt. Das Folgeprojekt VERONICA II begann im Mai 2007 und ging im Sommer 2009 zu Ende.

C. Die VERONICA Projekte

I. Projektrahmen

Die EU-Kommission hatte die UDS-Idee schon seit Mitte der 1990er Jahre verfolgt, gefördert und propagiert. Im Jahre 2004 schrieb sie ein Forschungsprojekt im Sinne einer Machbarkeitsstudie aus. Sie tat dies ausdrücklich mit dem Ziel, spätere gesetzliche Maßnahmen zur UDS-Einführung vorzubereiten. Die Ausschreibung verlangte als Voraussetzung eine breite Beteiligung aller für die UDS-Einführung notwendigen und denkbaren Interessengruppen. Das führte unter der Leitung von Siemens VDO, dem Vorgänger von Continental Automotive, zum ersten VERONICA-Projekt. Das Akronym beinhaltet das Ziel des Projekts: *Vehicle event recording based on intelligent crash assessment,* also etwa *Fahrzeugdatenspeicherung mittels intelligenter Unfallbewertung*. Es war auch das erste Mal, dass der Begriff »Event«, wenn auch eng mit einem Crash verbunden den Begriff »Unfall« ersetzte, weil dies dem von Nordamerika geprägten Sprachgebrauch entsprach.

Das Konsortium umfasste eine große interdisziplinäre und internationale Gruppe von Fachleuten aus:

- Straßenverkehrssicherheitsorganisationen,
- Unfallanalyse und Unfallforschung,
- Recht und Medizin,
- Versicherungswirtschaft,

- Verkehrspolizeibehörden,
- Fahrzeug- und Zulieferindustrie.

Der Abschlussbericht für VERONICA I wurde der EU-Kommission im Dezember 2006 übergeben, derjenige für VERONICA II im September 2009.[3] Die Ergebnisse können folgendermaßen zusammen gefasst werden:

II. Klärung der Begrifflichkeiten

Als erstes mussten wir uns über den Begriffsinhalt von Event-Data-Recording klar werden. Nach der EU-Projektausschreibung sollte es um Unfalldatenspeicherung gehen. Wie schon erwähnt, wird im nordamerikanischen Sprachgebrauch dafür aber nicht »accident-data-recording«, sondern der Begriff »Event-Data-Recording« benutzt, dem wir uns, wenn auch sprachlich unscharf, angepasst haben.

Für die Bestimmung des Inhalts von EDR nahmen wir Anleihen bei einer europäischen Legaldefinition, nämlich bei der EU-Richtlinie des Jahres 2004 über die Eisenbahnsicherheit, ursprünglich schon aus dem Jahre 1995.[4]

Dort heißt es in Art. 3k *»Ein Unfall ist ein unerwünschtes oder unbeabsichtigtes plötzliches Ereignis oder eine besondere Verkettung derartiger Ereignisse, die schädliche Folgen haben…«*

Und zur Abgrenzung in Art. 3 m die Definition der *»Störung«,* engl. *»incident«: »ein anderes Ereignis als ein Unfall oder schwerer Unfall, das mit dem Betrieb eines Zuges zusammenhängt und den sicheren Betrieb beeinträchtigt …«*

Der Unfall wurde also so definiert, dass ein Ereignis einen Schaden zur Folge haben *muss* – ob Sach- oder Personenschaden ist grundsätzlich unerheblich.

3 *Schmidt-Cotta et al.*, VERONICA I: Final Report und VERONICA II: Final Report, beide Berichte abrufbar unter: http://veronica-project.net; siehe auch *Brenner/Schmidt-Cotta,* Der Einsatz von Unfalldatenspeichern unter dem Brennglas des Europarechts, SVR, 2008, 41 - 49; *Schmidt-Cotta,* Unfalldatenspeicher – die Veronica-Projekte 2004-2009, Verkehrsunfall und Fahrzeugtechnik, 2010, 311 – 318.

4 Directive 2004/49/EC of the European Parliament and of the Council of 29 April 2004 on safety on the Community's railways and amending Council Directive 95/18/EC on the licensing of railway undertakings and Directive 2001/14/EC on the allocation of railway infrastructure capacity and the levying of charges for the use of railway infrastructure and safety certification (Railway Safety Directive), ABl. L 164 vom 30.4.2004.

III. Fortschritte in der Verkehrssicherheit bei gleichzeitigem Mangel an Informationen über die konkreten Unfallursachen und -verläufe

Die Fahrzeug- und Zulieferindustrie sowie andere für die Verkehrssicherheit verantwortliche Stellen haben in der Vergangenheit beträchtliche Fortschritte bei der Reduzierung der Anzahl der Unfallopfer erzielt (Übers. 2).

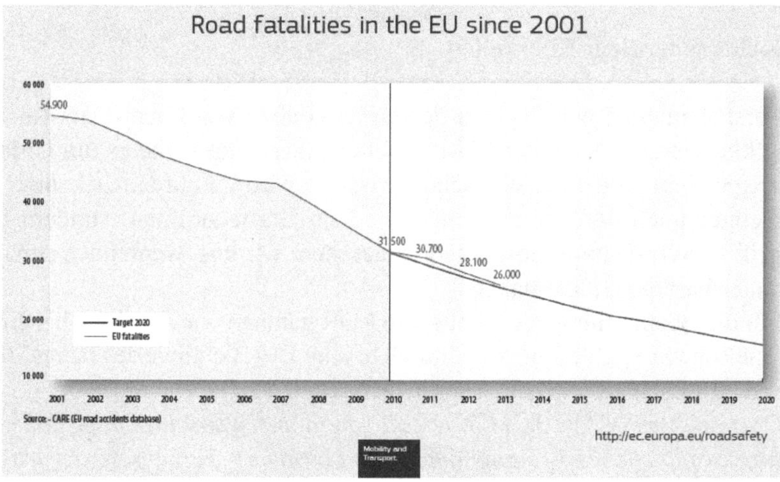

Übersicht 2: Entwicklung der Zahl der Verkehrstoten in der EU 2001-2020[5]

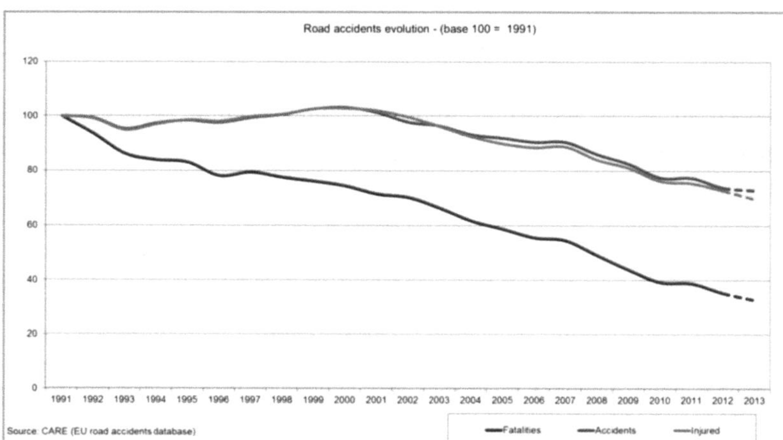

Übersicht 3: Rel. Verringerung an Unfällen, Toten und Verletzten in der EU[6]

5 http://ec.europa.eu/transport/road_safety/specialist/statistics/index_en.htm.
6 http://ec.europa.eu/transport/road_safety/pdf/observatory/historical_evol.pdf.

Nichtsdestotrotz klagen Unfallsachverständige und Unfallforscher über den Mangel an Unfallecht- und Detailinformationen insbesondere mit Blick auf die Notwendigkeit nicht nur die Zahl der Unfalltoten, sondern auch die der Verletzten zu verringern (Übersicht 3). Man sieht an den beiden helleren Linien oben, dass die Zahl der Verletzten im Verhältnis zur Zahl der Unfälle konstant geblieben ist, während die Zahl der Toten – die dunklere untere Linie – sich von der Unfallentwicklung abgekoppelt hat.

IV. Im Fokus des Informationsbedarfs: Schwächere Verkehrsteilnehmer

Nach der Art der Verkehrsteilnehmer betrifft der Mangel an Information dabei besonders die Aufklärung und Erforschung von Unfällen mit Beteiligung von schwächeren Verkehrsteilnehmern. Das sind Fußgänger und Zweiradfahrer. Sie stellen in der EU zusammen einen anhaltend hohen Anteil von 47,5 % an den Verkehrsunfalltoten dar (Übersicht 4).

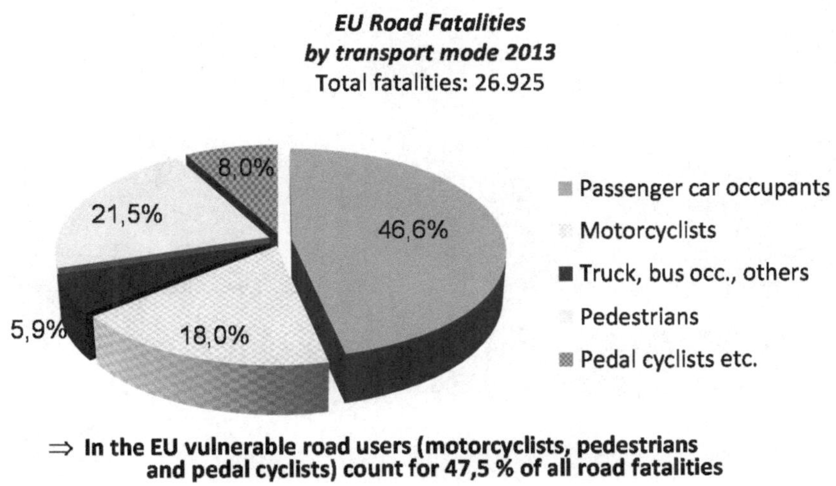

Übersicht 4: Straßenverkehrstote in der EU nach Verkehrsmitteln 2013[7,8]

7 Nach: http://ec.europa.eu/transport/road_safety/specialist/statistics/index_en.htm (> Charts and figures > road fatalities by transport mode).

8 Die hier zugrunde gelegte Gesamtzahl von 26.925 Toten nach Verkehrsmitteln liegt um 935 unter der Gesamtzahl von 27.860 Toten nach Mitgliedsländern – beide Zahlen werden nebeneinander und unaufgelöst in der offiziellen EU-Statistik geführt.

Das ist freilich keine Überraschung weil der Fahrzeuginsassenschutz einen beträchtlichen Fortschritt in diesem Zeitraum erzielt hat, aber per definitionem den Schutz eben ausschließlich der Fahrzeuginsassen zum Ziel hat.

Mit Blick auf die EDR-Anforderungen kamen die Projektfachleute daher zu dem Schluss, dass zukünftige EDR in der Lage sein müssten, Kollisionen mit schwächeren Verkehrsteilnehmern aufzuzeichnen. Die so gesammelten Daten sollten Erkenntnisse darüber ermöglichen, was getan werden muss, um die Chancen dieser Verkehrsteilnehmer zu verbessern, die in den Worten der Unfalltechniker bei Kollisionen »*weiche Objekte*« sind. In den Abbildungen 1-3 sind einige Beispiele zu sehen:

Abb. 1-3: Beispiele für von EDR detektierte »soft-object-collisions« ohne Notwendigkeit oder Möglichkeit einer Airbag-Auslösung

Im ersten Beispiel kollidierte ein deutscher Notarztwagen mit etwa 70 km/h mit einem Fahrradfahrer, der wegen Kopfhörern in den Ohren das Martinshorn nicht gehört hatte. Der Airbag im Notarztwagen brauchte für den Fahrer nicht auszulösen, weil es sich um eine »soft-object-collision« handelte, die aber zum Tode des Fahrradfahrers führte und auch dem Notarztwagen beträchtlichen Schaden zufügte. Der eingebaute Nachrüst-Unfalldatenspeicher war aber so fein eingestellt, dass er die Kollision genau aufzeichnete.

Beim zweiten Beispiel war ein holländischer Rettungswagen amerikanischer Bauart mit einem zweistufigen Airbag-Sensor ausgerüstet, sodass Daten aufgezeichnet werden konnten, ohne dass der Airbag ausgelöst werden musste. Im dritten Beispiel kollidierte ein Fußgänger mit einem mit UDS ausgerüsteten Linienbus, der standardmäßig keinen Airbag hat. Der flächendeckende Einsatz von EDR würde in derartigen Fällen allgemein zu einer deutlichen Verbesserung der Aufklärungsmöglichkeiten führen.

V. Ein Blick auf die USA

Die Situation in Europa weicht stark von derjenigen in den USA ab. In Übersicht 5 sind die vom US Department of Transport veröffentlichten Zahlen für die im Jahre 2012 zu beklagenden Verkehrstoten dargestellt.

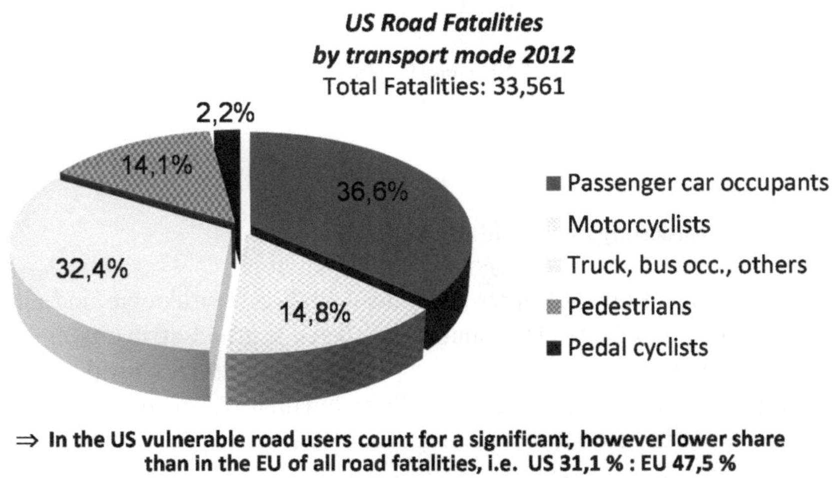

Übersicht 5: Verkehrstote in den USA nach Verkehrsmitteln 2012 (prov.)[9]

9 Nach: http://www.rita.dot.gov/bts/sites/rita.dot.gov.bts/files/publications/national_ transportation_ statistics/ html/ table 02_01.html.

Daraus lässt sich entnehmen, dass in den USA nur 31 % der Unfalltoten aus der Gruppe der Zweiradfahrer und Fußgänger stammen. Das kann teilweise erklären, warum die amerikanischen und europäischen Anforderungen an EDR nicht zwingend identisch sind. Im direkten Vergleich (Übersicht 6) werden die Unterschiede in der Bedeutung der schwächeren Verkehrsteilnehmer – Vulnerable Road Users/VRU – zwischen Europa und den USA noch deutlicher. Man sieht aber auch, dass ein etwa gleich großer Bedarf besteht, die Unfälle mit Nutzfahrzeugen zu erforschen:

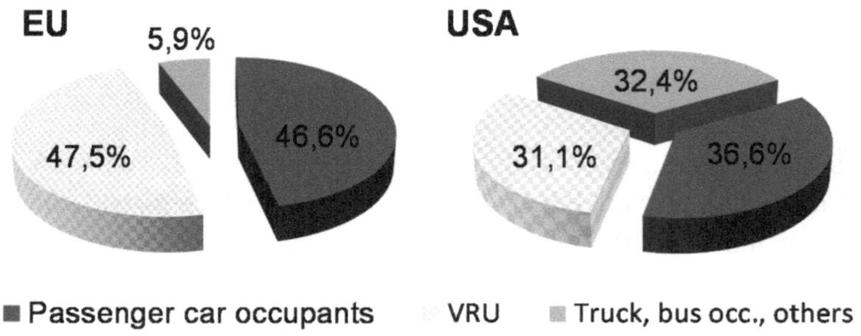

Übersicht 6: Direkter Vergleich EU (links) – USA (rechts) der Prozentanteile der Unfallopfer unter schwächeren Verkehrsteilnehmern (VRU) und der Insassen von Pkw und Nutzfahrzeugen

VI. Die Anforderungen der Unfallrekonstrukteure

Die Erfahrungen und Anforderungen der Unfallrekonstrukteure und aller anderen zuvor erwähnten Datennutzer mündeten in grundsätzlich zwei Projektaktivitäten, den Entwurf eines genormten Mindestsatzes zu speichernder Daten und die Festlegung einer Mindestqualität für solche Daten. Außerdem forderten die Fachleute ein genormtes Übertragungsprotokoll und eine genormte Ausleseschnittstelle (OBD-Schnittstelle). Die Initiative dazu sollte von der EU-Kommission ausgehen.

VII. Datennutzung

In Bezug auf die Datennutzung kam das Projekt zu dem Ergebnis, dass die Daten vornehmlich in Forschungsdatenbanken eingespeist werden sollten. Dazu bedarf es einer rechtlich abgestützten Bestimmung der Unfallarten und der Anonymisierung der Unfalldaten.

Darüber hinaus forderten wir, dass dem Nutzer – also dem Fahrer – über das Betriebshandbuch verständliche Informationen über die Art der Daten und die Bedingungen ihrer Speicherung vermittelt werden müssten.

Die Frage, wie zivilrechtlich mit Unfalldaten umzugehen sei, ist im Verhältnis der Unfallbeteiligten zueinander eine Frage der Beweislast, in arbeits-, miet- und versicherungsrechtlichen Verhältnissen eine Frage vertraglicher Gestaltung.

In der Praxis haben die Gerichte hier in der Vergangenheit bereits teilweise durch Beweiserleichterungen geholfen: Ein Berliner Richter war nach der seinerzeitigen Urteilsbegründung beispielsweise offensichtlich bereit, dem Kläger die Möglichkeit eines Anscheinsbeweises für ein HWS-Trauma zu geben, nämlich dann, wenn die UDS-Auswertungen einen ausreichend starken Aufprall nachgewiesen hätten. Die schließlich von der Beklagtenseite vorgelegten und sachverständig ausgewerteten UDS-Aufzeichnungen ließen jedoch nur einen Aufprall mit einer Differenzgeschwindigkeit von 3,2 km/h erkennen, was das Gericht unter Verweis auf die herrschende Fachmeinung als nicht ausreichend ansah.[10]

In Bezug auf die strafrechtliche Diskussion zur Datennutzung haben wir mit diversen nationalen Datenschutzbeauftragten gesprochen. Wir kamen zu dem Ergebnis, dass es grosso modo in den Mitgliedsstaaten für die Verwendung von EDR-Daten zur behördlichen Unfallaufklärung keines Gesetzes bedarf, das die Zweckbestimmung regelt. Solche Gesetze gibt es auf nationaler Ebene schon, in Deutschland die §§ 160 II und 244 II StPO (Untersuchungs- bzw. Ermittlungsgrundsatz), die die Strafverfolgungsbehörden ermächtigen und verpflichten alle sinnvollen Schritte zur Aufklärung einer Straftat zu unternehmen. Ggf. wären diese also auch zur Sicherstellung von Tatwerkzeugen – sprich verunfallten Autos oder deren Bestandteilen – befugt. Zwar ist die fahrlässige Sachbeschädigung nicht mit Strafe bedroht, zumindest wenn Unfälle durch Eingriffe in den Straßenverkehr entstehen oder Personenschäden verursachen liegen jedoch regelmäßig Straftaten vor.

Wenn man von dem Grundsatz ausgeht, dass die Daten dem Fahrer und/oder Halter »gehören« und nur der Staat in Ermittlungsverfahren (einschl. den Situationen von »Gefahr« im Verzug bzgl. der Beweisvernichtung) diesen Grundsatz durchbrechen darf, so besteht auch kein Bedürfnis

10 LG Berlin, Zivilkammer 24, Beweisbeschluß vom 4.4.2002, Geschäftsnummer 24.0.542/01; das dazugehörige Urteil ist unter demselben Az. am 6.9.2004 ergangen. Ein Verweis auf die §§ 421 ff ZPO findet sich in keinem der beiden Dokumente, wurde dem Verf. jedoch vom Vorsitzenden Richter auf dem VGT 2006 berichtet.

für zusätzliche gesetzliche Regelungen, etwa im berufsrechtlichen Rahmen der Unfallsachverständigen. Denn diese stehen bzgl. der Verwendung der Daten mit ihren Auftraggebern – seien es Private, seien es Behörden – in einem Auftragsverhältnis, das eine Weitergabe an Dritte i.d.R. ausschließt.

VIII. Paradigmenwechsel

Die zunehmende Verwendung von Sensoren und elektronischen Bauteilen bedeutete auch einen Paradigmenwechsel für die EDR-Einführung: Während über Jahrzehnte EDR als singuläre, blackboxartige Nachrüstlösung angesehen wurden, ist dieser Ansatz inzwischen weitestgehend überholt, es sei denn für Nachrüstzwecke, wie sie derzeit in Italien für motorisierte Zweiräder gefordert werden.

Die Fahrzeugtechnologie ist seit den frühen Zeiten der Unfalldatenspeicherung beträchtlich fortgeschritten. Heutzutage können EDR-Funktionen in schon vorhandene oder leicht verfügbare Fahrzeugelektronikkomponenten integriert werden. Ein Beispiels ist etwa das bereits erwähnte zweiphasigen Airbagmodul, das gewisse Kollisionsdaten aufzeichnet, ohne dass der Schwellwert für die Airbagauslösung erreicht wird.

D. Derzeitiger politischer Rahmen

Auch von den politischen Akteuren wurde der EDR in der Vergangenheit verschiedentlich thematisiert:

Nicht sehr überraschend ist zunächst ein ausgeprägtes Bestreben nach dem Schutz der schwächeren Verkehrsteilnehmer zu konstatieren. Bereits im Januar 2009 nahmen das Europaparlament und der Ministerrat eine Verordnung zur Bauartgenehmigung von Motorfahrzeugen in Bezug auf den Schutz schwächerer Verkehrsteilnehmer an.[11]

11 REGULATION (EC) No 78/2009 OF THE EUROPEAN PARLIAMENT AND OF THE COUNCIL of 14 January 2009 on the type-approval of motor vehicles with regard to the protection of pedestrians and other vulnerable road users, amending Directive 2007/46/EC and repealing Directives 2003/102/EC and 2005/66/EC, O.J. 4.2.2009, L 35.

Die Notwendigkeit einer Verbesserung des Fußgängerschutzes hat im Übrigens auch die NHTSA erkannt und diese entsprechend in ihr Arbeitsprogramm für neue Vorschriften aufgenommen.[12]

Im Juli 2010 erging eine sogenannte »*Mitteilung der Kommission*«[13] an eine Reihe von politischen Akteuren, darunter das Europäische Parlament und den Rat der Verkehrsminister. Diese Mitteilung drückte die Position der Kommission auf dem gesamten Feld möglicher Verkehrssicherheitsmaßnahmen aus. Unter diesen Aktivitäten fand sich auch die EDR-Einführung als ernsthaft zu prüfende Maßnahme.

Nach Vorarbeiten des EP-Verkehrsausschusses hat das EP-Plenum auf den Bericht der Kommission am 27. September 2011 fraktionsübergreifend mit einer überwältigenden Mehrheit geantwortet und die klare Forderung nach der Einführung eines EDR – unter ausdrücklichem Verweis auf die Ergebnisse der VERONICA-Projekte – erhoben.[14]

Die Zentralforderung an die EU-Kommission war dabei, dass sie bis Ende 2012 einen Einführungsplan vorlegen sollte, um innerhalb des Jahrzehnts bis 2020 die EDR-Einführung auch Realität werden zu lassen. Der Bericht spricht von einer phasenweisen Einführung, beginnend mit Mietwagen, Nutzfahrzeugen und dann allen Motorfahrzeugen.

Die EU-Kommission hat das, wenn auch später als vom Parlament gefordert, aufgegriffen. Sie evaluiert derzeit, wie sich die politischen Forderungen in technische Anforderungen übertragen lassen.

Das EP hat das Thema aber auch selbst weiterverfolgt und eine »desktop« Studie in Auftrag gegeben.[15] In diese Papierstudie sind auch die Ergebnisse der im Frühjahr 2014 von *Petersen* und *Ahlgrimm* – zwei deutschen Verkehrssicherheitsfachleuten – vorgestellten Studie eingearbeitet,

12 NHTSA Vehicle Safety and Fuel Economy Rulemaking and Research Priority Plan 2011-2013, March 2011, S. 14 and 17.

13 COMMUNICATION FROM THE COMMISSION TO THE EUROPEAN PARLIAMENT, THE COUNCIL, THE EUROPEAN ECONOMIC AND SOCIAL COMMITTEE AND THE COMMITTEE OF THE REGIONS, Towards a European road safety area: policy orientations on road safety 2011-2020, Brussels, 20.7.2010 COM(2010) 389 final.

14 European Parliament resolution of 27 September 2011 on European road safety 2011-2020, Erwägung W und Vorschläge 25 und 87 (P7_TA(2011)0408).

15 EUROPEAN PARLIAMENT, DIRECTORATE GENERAL FOR INTERNAL POLICIES; POLICY DEPARTMENT B: STRUCTURAL AND COHESION POLICIES TRANSPORT AND TOURISM, Study on the TECHNICAL DEVELOPMENT AND IMPLEMENTATION OF EVENT DATA RECORDING IN THE ROAD SAFETY POLICY, Brussels, September 2014.

die ein positives Nutzen-Kosten-Verhältnis einer EDR-Einführung belegen.[16] Die errechnete Dauer bis zur Erreichung des Break-Even liegt zwischen acht Jahren bei Motorrädern und unter einem Jahr bei schweren Nutzfahrzeugen, bei Pkws bei vier Jahren. Dabei wurde die durch EDR beeinflussbare Unfallkostenreduzierung aufgrund von direkter Präventionswirkung und von Maßnahmen der verbesserten Unfallforschung und Verkehrs- und Fahrzeugtechnik mit insgesamt 5 % sehr konservativ angenommen. Die EP-Studie sieht einerseits ein steigendes privates Interesse, vor allem in der Automobilindustrie und der Versicherungswirtschaft an der EDR-Nutzung, andererseits aber auch einen Rückstand in der Gesetzgebung. Der (einen gewissen Interpretationsspielraum eröffnenden) Ergebnisübersicht lässt sich u.a. ein Plädoyer für eine flächendeckende EDR-Einführung bei gleichzeitiger Standardisierung entnehmen, wenn ein Rückgang an Todesopfern und Verletzten von 0,7-1,5 % pro Jahr über 20 Jahre erreicht werden soll. Dieses nachzuweisen, scheint sie als kein Problem anzusehen. Ernsthaft verfolgt werden sollte nach Ansicht der Autoren auch die Verbindung von EDR, E-Call und EETS.[17]

Von der EU-Kommission wurde im November 2014 eine beim britischen Transport Research Laboratory (TRL) in Auftrag gegebene und von *Hynd* und *McCarthy* durchgeführte Literatur-Studie zum Kosten-Nutzen-Verhältnis einer EDR-Einführung veröffentlicht.[18] Von dieser will sich die Kommission Argumente für gesetzgeberische Maßnahmen an die Hand geben lassen. Als Vorteile der Einführung eines EDR werden in der Studie nicht nur die bereits vorgestellten positiven Effekte auf die Verkehrssicherheit genannt, sondern auch eine erhöhte Rechtssicherheit sowie die Beschleunigung (gerichtlicher) Verfahren. Die Studie wertet dabei weltweite Erfahrungen aus, der Natur der Sache nach vorwiegend solche aus den USA.
Zu den wichtigsten Ergebnissen, zu denen zahlreiche Stakeholder beigetragen haben, zählt die Feststellung, dass EDR auch schon in Europa in fast allen M1/N1-Fahrzeugen vorhanden sind. Der heute mögliche, jedoch noch nicht erreichte, Stand der Technik liege aber über dem nach dem amerikanischen CFR 49 Part 563 definierten, mehrfach geänderten und für Europa

16 *Petersen/Ahlgrimm*, Nutzen/Kosten-Analyse des obligatorischen Einsatzes von Unfalldatenspeichern, Methodik und Ergebnisse, Zeitschrift für Verkehrssicherheit 2014, 101 – 107.

17 A.a.O. [o. Fn. 15], S. 65, 70, 72; EETS = European Electronic Toll Service (Maut).

18 *Hynd/McCarthy*, Study on the benefits resulting from the installation of Event Data Recorders, Final Report, Prepared for: European Commission, DG MOVE, Project Ref: MOVE/C4/SER/2013-200/SI2.663647, 2014.

nicht als ausreichend angesehenen Standard, soweit Unfälle mit schwächeren Verkehrsteilnehmern aufgeklärt werden müssen.[19] Dieses wird als erforderlich angesehen, um das politische Ziel der Halbierung der Zahl der Unfalltoten bis 2020 (Basis 2010) zu erreichen. Deswegen werden Anforderungen an die EDR-Technik zur Umsetzung empfohlen,[20] wie sie in VERONICA II vorgeschlagen wurden.[21] Bei M2/N2-Fahrzeugen sei die Situation komplexer, weil diese zumeist nicht mit Airbag-Kontrollmodulen ausgerüstet seien, die bei den leichteren Fahrzeugklassen die gegebene und nahezu kostenfreie Einführungstechnik darstellten.

Ähnlich wie *Petersen* und *Ahlgrimm* kommen auch *Hynd* und *McCarthy* zu dem Ergebnis, dass das Verhältnis Kosten und Nutzen in allen Fahrzeugklassen aber positiv ist, wenn auch unterschiedlich. Obwohl der Faktor Nutzen bei M1/N1-Fahrzeugen am geringsten sei, scheinen die Autoren wegen der Größe des Fahrzeugparks nahelegen zu wollen, hier bestünde das größte Bedürfnis für ein Tätigwerden des Gesetzgebers.[22] Größere Probleme auf dem Gebiet von Datensicherheit und Datenschutz werden nicht gesehen, doch könnten gesetzgeberische Maßnahmen zur Klarstellung empfehlenswert sein.

Die Aussage der EU-TRL-Studie, wonach schon heute alle M1/N1-Fahrzeuge in Europa mit EDR ausgestattet seien, bedarf einiger Anmerkungen: Es handelt sich nur um Fahrzeuge solcher Hersteller, die auch nach Nordamerika liefern. Demzufolge erfüllen die eingesetzten EDR lediglich die dortigen Anforderungen. Und in Europa sind sie zudem bisher nicht aktiviert. Aus dem Gesagten lässt sich aber auch die Schlussfolgerung nachvollziehen, eine EDR-Einführung in der M1/N1-Klasse, wozu auch die Leichttransporter zählen,[23] sei schneller möglich als in der M2/N2–Klasse. In VERONICA I war noch vorgeschlagen worden, aufgrund des höheren einzelnen Schadenspotenzials und der gewohnten Unfallaufklärung mittels Tachographen, mit der EDR-Einführung bei den schweren Nutzfahrzeugen (M2/N2) zu beginnen. Dafür hätte zum Beispiel die jüngste Reform der Tachographengesetzgebung vom Februar 2014 genutzt werden können. Das

19 Vgl. dazu oben C.V.

20 *Hynd/McCarthy*, a.a.O. [o. Fn. 18], S. 100.

21 *Schmidt-Cotta et al.*, VERONICA II: Final Report, S. 83 ff. - die vergleichende Übersicht auf S. 110 – 112 in der EU-TRL-Studie zu den Anforderungen nach »Part 563« und VERONICA II macht dabei deutlich, auf welchen Gebieten die Hauptunterschiede liegen (rote Einfärbung der Rubrik »Data Elements«).

22 *Hynd/McCarthy*, a.a.O. [o. Fn. 18], S. 7 und S. 100.

23 Ebd., S. 27.

legen auch die Autoren der EU-TRL-Studie nahe.[24] Dafür war die Zeit aber offensichtlich noch nicht reif, wohl da dies die Reform, die einen anderen Schwerpunkt hatte, verzögert hätte.[25] Für EDR in M2/N2-Fahrzeugen sollten Kommission und Industrie daher nun nach neuen Wegen suchen, etwa mittels des »Horizon 2020« Rahmenprogramms für Forschung und Innovation. Unbedingt erforderlich ist in einem ersten Schritt ein Prozess zur Standardisierung von EDR und EDR-Daten im M2/N2-Bereich.

Zu begrüßen ist, dass die Studie die Notwendigkeit der besseren Aufklärung von Unfällen mit schwächeren Verkehrsteilnehmern ernst nimmt und dazu einen technischen Standard – wie wir in VERONICA II vorgeschlagen haben – empfiehlt.

Mir scheinen auch die in ganz Europa wieder steigenden Unfallzahlen und die forcierten Bemühungen zur Zulassung von automatischem Fahren das Verständnis für die Einführung von EDR zu begünstigen.

Es ist daher davon auszugehen, dass man zu einer stufenweisen EDR-Einbaupflicht finden wird, mittels derer sich raschere Fortschritte als in der Vergangenheit erzielen lassen dürften. Denkbar wären beispielsweise zunächst einmal EDR nach US-Vorbild,[26] also nur airbag-getriggerte Aufzeichnung von »hard crashes«, aber bereits mit einer standardisierten Ausleseschnittstelle und hoffentlich wenig später dann auch ein obligatorischer EU-Datenqualitätsstandard, der auch die Erfassung von Unfällen mit schwächeren Verkehrsteilnehmern erlaubt. In diese Richtung argumentieren auch die Verfasser der Studie.

Dies wäre der lang ersehnte Quantensprung in der Unfallanalyse. Er würde das aufwändige Reengineering von Fahrzeugaggregaten, die heute schon Daten speichern, obsolet machen, das heute nur wenigen Unfallforschungsstellen möglich ist.

Was die Situation in den USA betrifft, so hat die NHTSA im Dezember 2012 eine Ankündigung veröffentlicht, nach der sie den bisher schon bestehenden EDR-Standard bei freiwilligem Einbau nun verpflichtend machen

24 *Hynd/McCarthy*, a.a.O. [o. Fn. 18], S. 100.

25 Vgl. insbes. Art. 4 und 5 der »REGULATION (EU) No 165/2014 OF THE EUROPEAN PARLIAMENT AND OF THE COUNCIL of 4 February 2014 on tachographs in road transport, repealing Council Regulation (EEC) No 3821/85 on recording equipment in road transport and amending Regulation (EC) No 561/2006 of the European Parliament and of the Council on the harmonisation of certain social legislation relating to road transport«; mit »event« sind hier aber nicht Unfallereignisse sondern Störungen gemeint.

26 *Hynd/McCarthy*, a.a.O. [o. Fn. 18], S. 100.

will.[27] Dies soll für Neufahrzeuge ab 1.9.2014 gelten. Parallel arbeitet derzeit die SAE, das ist die Society of American Automobile Engineers, an neuen EDR-Normen, die die Daten berücksichtigen sollen, die bei der automatischen Betätigung aktiver Fußgängerschutzsysteme generiert werden. Gemeint ist vor allem die sich automatisch aufstellende Motorhaube. Bezüglich der weiteren technischen und gesetzgeberischen Entwicklungen in den USA, insbesondere auch mit Blick auf die mehrfachen Änderungen des »CFR 49 Part 563«, sei auf Einzelheiten in den Darstellungen in der EU-TRL-Studie verwiesen.[28]

E. Zusammenfassung und Fazit

EDR als Segen oder Fluch, war die mir für den Vortrag im Oktober 2014 in Würzburg gestellte Frage. Über lange Zeit wurde über die EDR-Einführung gestritten, nicht immer nur auf sachlichem Niveau. Ich denke, dass durch die Beharrlichkeit der EU-Kommission, die zu den VERONICA-Projekten führte und die dadurch ermöglichte tiefere Beschäftigung mit dem Thema, aber auch durch den Fachaustausch mit den USA und seit einiger Zeit auch beflügelt durch die Arbeiten am autonomen Fahren, heute niemand mehr ernsthaft gegen die EDR-Einführung argumentieren kann. Im Gegenteil: Da die Gegenargumente widerlegt sind, kann man die Befürwortung der obligatorischen Einführung heute als herrschende Meinung ansehen.[29] Gleichzeitig nähern sich die USA allmählich eher den europäischen Vorstellungen an, einfach, weil sie für die Verbesserung der Sicherheit im Straßenverkehr, wie der im rechtlichen Bereich, sinnvoll sind. Die mir gestellte Frage dürfte damit beantwortet sein.

27 Sog. »Notice of Proposed Rule Making« (NPRM), DEPARTMENT OF TRANSPORTATION, National Highway Traffic Safety Administration, 49 CFR Part 571, [Docket No. NHTSA–2012–0177], RIN 2127–AK86 Federal Motor Vehicle Safety, Standards; Event Data Recorders; 74144, Federal Register / Vol. 77, No. 240 / Thursday, December 13, 2012 / Proposed Rules.

28 *Hynd/McCarthy*, a.a.O. [o. Fn. 18], S. 19 – 69 und Appendix A auf S. 107 – 109.

29 Ein übersichtliches, rechtlich solide untermauertes Plädoyer hielt jüngst *Hammer,* Zur Obligatorischen Einführung von Unfalldatenspeichern/Event Data Recordern bei Pkw-Neuzulassungen, RAW 2014, 35 ff.

Versicherungsrechtliche Fragen zu Fahrerassistenzsystemen

Dr. Martin Stadler,
Allianz Versicherungs-AG

A. Einleitung

Von der zunehmenden Fahrzeugautomatisierung erwarten sich die meisten Experten eine deutliche Zunahme der Sicherheit auf den Straßen, d.h. weniger Unfälle und, im Falle eines Unfalles, eine Senkung der Unfallschwere. Die technische Entwicklung wirft aber auch eine Vielzahl neuer Fragen auf. Insbesondere im Zusammenhang mit hoch- bzw. vollautomatisierten Systemen[1] wird zu diskutieren sein, inwieweit aus der damit einhergehenden Verlagerung der Unfallursache vom Fahrerfehler zum Fahrzeugfehler auch eine Anpassung der rechtlichen Rahmenbedingungen der Kfz-Versicherung erforderlich wird. Aller Voraussicht nach wird sich der Fahrer nach einem Unfall zukünftig häufiger darauf berufen, der Unfall wäre nicht von ihm zu vertreten, sondern sei auf einen Fehler seines Assistenzsystems zurückzuführen. Im Kern der Diskussion steht dabei die Frage, ob der Verkehrsopferschutz auch in diesem Fall gewährleistet ist. Aber auch in der Kaskoversicherung stellt sich die Frage, inwieweit Assistenzsysteme vom Versicherungsschutz umfasst sind und wann Fehler im Zusammenhang mit dem Assistenzsystem zum Verlust des Versicherungsschutzes führen. Zuletzt muss auch der Frage nachgegangen werden, inwieweit dem Versicherer ausreichende Regressmöglichkeiten zur Verfügung stehen, wenn ein Schaden, für den er eintrittspflichtig war, auf einen Fehler eines Assistenzsystems zurückzuführen ist.

1 Eine übersichtliche Darstellung der Automatisierungsstufen und eine Gegenüberstellung verschiedener gebräuchlicher Bezeichnungen finden sich im Anhang.

B. Schutz des Verkehrsopfers in der Kfz-Haftpflichtversicherung

I. Verkehrsopferschutz auch bei Verlagerung von der Verschuldungshaftung zur Gefährdungshaftung gewährleistet

Das Ergebnis vorweg: Auch bei einer voranschreitenden Fahrzeugautomatisierung ist sichergestellt, dass der Schutz des Verkehrsopfers weiterhin voll gewährleistet ist. Entweder liegt die Schuld beim Fahrer, der dann nach § 823 BGB oder § 18 StVG wie bisher haftet, oder der Fahrzeughalter ist gem. § 7 StVG eintrittspflichtig, da dieser sich sowohl das Fehlverhalten seines Fahrers als auch das Versagen von Assistenzsystemen zurechnen lassen muss.

Das Kfz-Versicherungssystem in Deutschland ist in seinen Grundzügen so aufgebaut, dass für alle Fahrzeuge, die in der Bundesrepublik angemeldet sind, eine Kfz-Haftpflichtversicherung bestehen muss. Nach § 1 PflVG ist der Halter eines Kraftfahrzeugs verpflichtet, für sich, den Eigentümer und den Fahrer eine Haftpflichtversicherung zur Deckung der durch den Gebrauch des Fahrzeugs verursachten Personenschäden, Sachschäden und sonstigen Vermögensschäden abzuschließen. Wie dieser Versicherungsschutz beschaffen sein muss, wird in § 2 KfzPflVV näher konkretisiert. Im Rechtsverhältnis zum einzelnen Versicherungsnehmer ergibt sich der Versicherungsumfang der Kfz-Haftpflichtversicherung aus den Allgemeinen Versicherungsbedingungen zur Kfz-Versicherung (AKB), deren Deckungsumfang in der Kfz-Haftpflichtversicherung jedoch mindestens den Regelungen von § 2 KfzPflVV entsprechen muss. Alle am Markt befindlichen Kfz-Haftpflichtversicherungen versichern deshalb die Befriedigung begründeter und die Abwehr unbegründeter Schadensersatzansprüche, die auf Grund gesetzlicher Haftpflichtbestimmungen privatrechtlichen Inhalts gegen den Versicherungsnehmer erhoben werden, wenn durch den Gebrauch des im Vertrag bezeichneten Fahrzeugs ein Personen, Sach-, oder Vermögensschaden verursacht wurde.

Für eine Eintrittspflicht des Kfz-Haftpflichtversicherers kommt es für den Versicherungsschutz in der Kfz-Haftpflichtversicherung demnach maßgeblich darauf an, dass Ansprüche gegen den Versicherungsnehmer aufgrund von gesetzlichen Haftpflichtbestimmungen privatrechtlichen Inhalts erhoben werden. Im Zusammenhang mit Verkehrsunfällen sind dies insbesondere deliktische Ansprüche aus § 823 BGB, Ansprüche aus der Gefährdungshaftung des Fahrzeughalters nach § 7 StVG und Ansprüche gegen den Fahrer aus vermutetem Verschulden gem. § 18 StVG. Durch die voranschreitende Fahrzeugautomatisierung wird es dabei zu einer Verlagerung von der Verschuldenshaftung des Fahrers nach § 823 BGB bzw. § 18 StVG hin zu einer Gefährdungshaftung des Halters nach § 7 StVG kommen. Zunehmen dürften zukünftig Fälle, in denen sich der Fahrer nach einem Unfall darauf beruft, es träfe ihn keine Schuld, da der Unfall auf ein Versagen seines Assistenzsystems zurückzuführen sei. Eine Haftung nach § 823 Abs. 1 BGB bzw. § 18 Abs. 1 StVG wäre dann nicht mehr gegeben. Nach aktueller Rechtslage wird der Fahrer mit diesem Einwand jedoch nicht durchdringen, da er sich unter den heute geltenden rechtlichen Rahmenbedingungen nicht »blind« auf sein Assistenzsystem verlassen darf und notfalls übersteuernd eingreifen muss. Die wenige Rechtsprechung zu dieser Frage erging bisher zu Fällen, in denen der Fahrer sich auf sein Parkassistenzsystem verließ und dabei einen Unfall verursachte.[2] In den Entscheidungen stellten die Gerichte klar, dass sich der Fahrer nicht darauf verlassen darf, dass sein Parkassistenzsystem zuverlässig bei jedem Hindernis ein Warnsignal abgibt, der Fahrer also notfalls übersteuernd eingreifen muss.

Doch selbst wenn dem Fahrer kein Verschulden mehr zuzurechnen wäre, bestünde im Falle des Versagens eines Assistenzsystems eine Eintrittspflicht des Kfz-Haftpflichtversicherers aus der Halterhaftung nach § 7 Abs. 1 StVG. Hiernach haftet der Halter eines Kraftfahrzeugs oder Anhängers ohne Verschulden, wenn bei dem Betrieb seines Kfz ein anderer verletzt oder getötet oder eine Sache beschädigt wird. Nach § 7 Abs. 2 StVG ist die Haftung bei Unfällen mit Fußgängern oder Radfahrern lediglich dann ausgeschlossen, wenn der Unfall durch höhere Gewalt verursacht wird. Als höhere Gewalt gilt nur ein außergewöhnliches, betriebsfremdes, von außen durch elementare Naturkräfte oder durch Handlungen dritter (betriebsfremder) Personen herbeigeführtes und nach menschlicher Einsicht und Erfahrung unvorhersehbares Ereignis, das mit wirtschaftlich erträglichen Mitteln auch durch nach den Umständen äußerste, vernünftigerweise zu erwartende Sorgfalt nicht verhütet werden kann.[3] Bei den durch zunehmende Fahrzeugautomatisierung verursachten Schäden handelt es sich hingegen um typische Gefahren, die sich bei der Beteiligung von Fahrzeugen am Straßenverkehr realisieren. Auch von einem unvorhersehbaren Ereignis kann keine Rede sein, da bekannt ist, dass Assistenzsysteme in gewissen Konstellationen ausnahmsweise versagen können. Die Haftung des Fahrzeughalters für einen Fehler des Assistenzsystems ist somit weiterhin gegeben.

2 LG Bückeburg v. 29.09.2011 – AZ 1 O 86/11; AG München v. 19.07.2007 – AZ 275 C 15658/07 = NJW-RR 2008, 40.

3 Vgl. dazu *König*, in: *Hentschel/König/Dauer*, Straßenverkehrsrecht, § 7 StVG, Rn. 32; OLG Oldenburg v. 31.7.2014 – 1 U 19/14, VRR 2014, 322.

Bei Unfällen mit anderen Kraftfahrzeugen kommt es hinsichtlich des Entlastungsbeweises des Halters hingegen nicht auf höhere Gewalt an, sondern es genügt der Nachweis eines unabwendbaren Ereignisses. Nach § 17 Abs. 3 StVG scheidet der Nachweis der Unabwendbarkeit jedoch von vornherein aus, wenn ein Fehler in der Beschaffenheit des Fahrzeugs oder ein Versagen seiner Vorrichtungen vorliegt. Hat das Assistenzsystem nicht ordnungsgemäß funktioniert, ist dies zu bejahen und der Nachweis eines unabwendbaren Ereignisses somit ausgeschlossen. Der Schutz des unschuldigen Verkehrsopfers ist demnach auch in dieser Konstellation gewährleistet.

II. Unterschied in der Höchsthaftungssumme

Ob eine Verschuldenshaftung nach BGB oder lediglich eine Gefährdungshaftung nach StVG vorliegt, ist für das unschuldige Verkehrsopfer lediglich bei sehr schweren Unfällen relevant, da gem. § 12 Abs. 1 StVG die Haftungshöchstsumme – auch bei Tötung oder Verletzung mehrerer Personen – auf 5 Millionen Euro begrenzt ist. Demgegenüber steht die unbegrenzte deliktische Haftung. Auch die üblichen Deckungssummen der Kfz-Haftpflichtversicherer liegen in Deutschland mit 50 bis 100 Millionen und 12 bis 15 Millionen je geschädigte Person deutlich höher. Sollte es im Rahmen der zunehmenden Fahrzeugautomatisierung zu einer Verlagerung der Haftung von der Verschuldenshaftung zur Gefährdungshaftung kommen, sollten deshalb die Haftungshöchstsummen im Interesse des Opferschutzes einer kritischen Überprüfung unterzogen werden.

III. Schutz des Verkehrsopfers auch bei Pflichtverletzungen des Versicherungsnehmers

Der Schutz des unschuldigen Verkehrsopfers ist auch dann gewährleistet, wenn der Versicherungsschutz aufgrund einer Pflichtverletzung des Versicherungsnehmers bzw. des in der Kfz-Haftpflichtversicherung mitversicherten Fahrers oder Halters gefährdet ist. Ein Beispiel hierfür ist die Leistungsfreiheit des Kfz-Haftpflichtversicherers wegen Nichtzahlung des Versicherungsbeitrags gem. §§ 37, 38 VVG.

Eine Pflichtverletzung im Zusammenhang mit Fahrerassistenzsystemen ist in der Kfz-Haftpflichtversicherung hingegen kaum vorstellbar. Mangelnde Aufmerksamkeit und ein sorgfaltswidriges »blindes« Verlassen auf das Assistenzsystem können in der Kfz-Haftpflichtversicherung nicht zum Verlust des Versicherungsschutzes führen, da (anders als in der Kaskoversicherung) grobe Fahrlässigkeit versichert ist und gem. § 103 VVG lediglich die vorsätzliche Herbeiführung des Versicherungsfalls zum Verlust des Versicherungsschutzes führt. Denkbar wäre allenfalls, dass ein Mangel des Assistenzsystems bzw. dessen Deaktivierung als Gefahrerhöhung im Sinne von § 23 VVG einzustufen wäre. Eine solche Gefahrerhöhung wird von der bisherigen Rechtsprechung beispielsweise angenommen, wenn ein Fahrzeug eine defekte Bremsanlage aufweist.[4] Erforderlich ist für den Einwand einer Gefahrerhöhung aber, dass der Versicherungsnehmer den gefahrerhöhenden Umstand kennt, d.h. er muss bewusst ein nicht verkehrs- oder gebrauchssicheres Fahrzeug weiterbenutzen.[5] Der positiven Kenntnis gleichzusetzen ist es, wenn sich der Versicherungsnehmer der Kenntnis des Mangels arglistig entzieht.[6] Übertragen auf Assistenzsysteme bedeutet dies, dass eine Gefahrerhöhung in Betracht kommt, wenn der Versicherungsnehmer eine Funktionsstörung bemerkt und diese nicht beseitigen lässt. Auch in diesem Fall ist die Leistungsfreiheit des Versicherers wegen Gefahrerhöhung jedoch gemäß D.3.3 AKB auf maximal 5.000 Euro begrenzt.

Für den geschädigten Dritten hat die Leistungsfreiheit des Kfz-Haftpflichtversicherers hingegen keine Auswirkung, da der Geschädigte durch § 117 Abs. 1 VVG geschützt ist. Hiernach gilt, dass auch wenn der Versicherer seinem Versicherten gegenüber von der Verpflichtung zur Leistung frei ist, die Leistungspflicht gegenüber dem geschädigten Dritten im Außenverhältnis gleichwohl bestehen bleibt. Aus Gründen des Opferschutzes soll der Geschädigte keinen Nachteil aufgrund des Umstandes erleiden, dass der Versicherte aufgrund von Pflichtverletzungen im Innenverhältnis gegenüber dem Versicherer keinen oder nur teilweisen Leistungsanspruch hat. Der Kfz-Haftpflichtversicherer würde also den Dritten entschädigen und im Innenverhältnis bei seinem Versicherungsnehmer Regress nehmen.

4 OLG Düsseldorf v. 9.5.1989 – 4 U 165/88 = r+s 1989, 311; LG Düsseldorf v. 17.7.2008 – 11 O 377/04 = SP 2009, 118; LG Aachen v. 20.9.1990 – 6 S 17/90 = r+s 1990, 361; *Jacobsen*, in: *Feyock/Jacobsen/Lemor/Jacobsen*, AKB § 2b, Rn. 83; *Knappmann*, Gefahrerhöhungen in der Kraftfahrtversicherung, in VVR 2014, 44 (45).

5 OLG Karlsruhe v. 17.9.2013 – 12 U 43/13 = r+s 2013, 542.

6 BGH v. 11.2.1987 – IVa ZR 144/85 = VersR 1987; 897; *Looschelders*, in: *ders./Pohlmann*, § 23, Rn. 27.

C. Versicherungsschutz für Assistenzsysteme in der Kaskoversicherung

I. Mitversichert als Fahrzeugteil oder Fahrzeugzubehör

Im Zusammenhang mit Assistenzsystemen stellt sich in der Kaskoversicherung die Frage, ob die oft teuren Assistenzsysteme mit dem Fahrzeug automatisch mitversichert sind, d.h. ohne dass hierfür ein gesonderter Zuschlag erhoben wird. Welche Fahrzeug- und Zubehörteile vom Versicherungsschutz umfasst sind, ergibt sich aus dem Versicherungsvertrag. Die meisten Versicherer verwenden hier eine den unverbindlichen Musterbedingungen des Gesamtverbands der Deutschen Versicherungswirtschaft (GDV) entsprechende Regelung.[7] Diese sieht in A.2 AKB vor, dass vom Versicherungsschutz auch fest im Fahrzeug eingebaute oder am Fahrzeug angebaute Fahrzeugteile umfasst sind, soweit sie straßenverkehrsrechtlich zulässig sind. Fahrzeugzubehör hingegen ist gem. A.2.1.2b AKB nur beitragsfrei mitversichert, wenn es darüber hinaus ausschließlich dem Gebrauch des Fahrzeugs dient, nach der Verkehrsanschauung kein Luxus ist und nicht ausdrücklich vom Versicherungsschutz ausgenommen wird. Da die Voraussetzungen für Fahrzeugteile geringer sind als für Fahrzeugzubehör, ist die Abgrenzung für die Frage der Mitversicherung von Bedeutung. Für die Abgrenzung entscheidend ist dabei die Auslegung der Begriffe »Fahrzeugteil« und »Fahrzeugzubehör« nach dem Verständnis eines durchschnittlichen Versicherungsnehmers. Dem Sprachgebrauch nach sind Teile Stücke eines Ganzen, Zubehör dagegen zusätzliche Stücke. Fehlt ein Zubehörstück, so bleibt das Ganze trotzdem vollständig; fehlt dagegen ein Teil, so ist das Ganze nicht mehr vollständig.[8] Eine Rolle für die Auslegung spielt auch die Erwartung des Versicherungsnehmers an seinen Versicherungsschutz. Hierzu gehört, dass diejenigen Teile, mit denen das Fahrzeug standardmäßig bereits ab Werk ausgestattet ist, als »Teile des Fahrzeugs« mitversichert sind und zwar unabhängig davon, ob die Teile im Grundpreis enthalten oder als Zusatzausstattung bzw. Zusatzpaket extra bestellt werden müssen.[9] Zu berücksichtigen ist hierbei aber, dass die Kaskoversicherung –

7 Unverbindliche Empfehlung zu den Allgemeinen Bedingungen für die Kfz-Versicherung (AKB), Stand Februar 2014, veröffentlicht unter www.gdv.de/downloads/versicherungsbedingungen/allgemeine-bedingungen-fur-die-kfz-versicherung-akb-2008.

8 Vgl. hierzu ausführlich *Stadler*, in: *Stiefel/Maier*, Kraftfahrtversicherung, AKB A. 2.1 Rn. 7 ff.

9 Vgl. OLG Düsseldorf v. 12.3.1974 – 4 U 137/73 = VersR 1974, 873.

anders als andere Versicherungen von Sachwerten – keine Versicherungssumme kennt. Einem durchschnittlichen Versicherungsnehmer muss deshalb auch bewusst sein, dass der Versicherer zum vereinbarten Preis lediglich ein »typisches Fahrzeug« versichern möchte. Nach hier vertretener Ansicht gehört ein vom Hersteller ausgeliefertes Assistenzsystem zu den Teilen des Fahrzeugs, da dieses ab Werk ausgeliefert wird und nach dem Verständnis des Kunden, wie die sonstige Fahrzeugelektronik auch, zum Fahrzeug gehört. Da Assistenzsysteme auch fest verbaut sind, besteht für diese in der Kaskoversicherung Versicherungsschutz.

Doch selbst wenn man – entgegen der hier vertretenen Ansicht – ein Assistenzsystem als Fahrzeugzubehör einordnen würde, wäre dieses beitragsfrei mitversichert, wenn es ausschließlich dem Gebrauch des Fahrzeugs dient. Diese Voraussetzung ist bei allen vom Hersteller eingebauten Assistenzsystemen erfüllt, sodass es auf die Abgrenzung zwischen Fahrzeugteil und Zubehör nicht ankommt. Der Versicherungsnehmer braucht sich deshalb bei Abschluss einer Kfz-Kaskoversicherung keine Gedanken über die Mitversicherung seines Assistenzsystems zu machen.

Da die Assistenzsysteme ohne Zuschlag mitversichert sind, ist es jedoch wichtig, dass der Versicherer Kenntnis darüber erlangt, welche Art von Assistenzsystem im Fahrzeug verbaut ist.

II. Versicherungsschutz in der Teil- und Vollkaskoversicherung

Assistenzsysteme sind ansonsten ganz normal im Umfang des Versicherungsvertrags gegen alle gem. A.2.2 bzw. A.2.3 AKB versicherten Gefahren der Teil bzw. Vollkaskoversicherung geschützt. In der Teilkaskoversicherung insbesondere gegen Brand, Entwendung, Sturm, Hagel, Blitzschlag, Überschwemmung, Zusammenstoß mit Haarwild und Glasbruch. In der Vollkaskoversicherung sind darüber hinaus auch Schäden durch selbst verschuldete Unfälle und Vandalismus vom Versicherungsschutz umfasst.

III. Begrenzter Versicherungsschutz bei Kurzschluss und Marderbiss

Bei den in der Teilkaskoversicherung vom Versicherungsschutz umfassten Kurzschlussschäden und Schäden durch Marderbiss sind im Zusammenhang mit Assistenzsystemen hingegen Besonderheiten zu beachten. Je nach Deckungsumfang des Versicherers sind nämlich entweder nur die Schäden am Kabel selbst oder aber auch Folgeschäden mitversichert. Ist der Versicherungsschutz im Falle eines Kurzschlusses vom Versicherer analog der unverbindlichen Musterbedingungen des Gesamtverbands der Deutschen Versicherungswirtschaft (GDV)[10] auf die Kabel begrenzt, werden nur die Schäden unmittelbar an den Kabeln ersetzt, nicht jedoch mögliche Folgeschäden, z.B. Schäden an Lichtmaschine, Anlasser, Batterie oder Elektronik.[11] Auch ein Schaden an einem Assistenzsystem wäre dann nicht zu ersetzen. Entsprechendes gilt bei Marderbissen. Auch hier begrenzt sich der Versicherungsschutz bei manchen Versicherern nur auf die unmittelbar vom Marder angebissenen Kabel, Schläuche und Leitungen.

Werden hingegen Folgeschäden mitversichert, erstreckt sich der Versicherungsschutz auch auf die Schäden an Assistenzsystemen. Die Höchstentschädigung ist in diesem Fall jedoch regelmäßig durch einen Maximalbetrag begrenzt.

IV. Bruch der Messlinse kein Glasbruch

Diskutiert wird, ob die aus Glas bestehenden Messlinsen eines Assistenzsystems im Falle ihrer Beschädigung als Glasbruchschaden im Rahmen der Teilkaskoversicherung zu ersetzen sind. Würde der Versicherungsnehmer zum Beispiel einen durch Steinschlag verursachten Bruch einer Messlinse als Vollkaskoschaden geltend machen, käme hier in der Regel ein höherer Selbstbehalt zum Abzug und der Schaden würde zu einer Rückstufung des Schadenfreiheitsrabatts führen. Die Abrechnung des Schadens über die Teilkaskoversicherung als Glasschaden hätte somit für den Versicherungsnehmer erhebliche Vorteile. Nach hier vertretener Meinung gehören solche Messlinsen jedoch nicht zur in der Teilkasko versicherten Verglasung des Fahrzeugs. Zur Verglasung gehören nur solche Teile, deren Funktion durch die Lichtdurchlässigkeit des Glases oder eine Spiegelwirkung bestimmt wird, weshalb z.B. auch die ebenfalls aus Glas bestehende Glühbirne nicht zur Fahrzeugverglasung gehört[12]. Sowohl der Begriff »Verglasung« als

10 Unverbindliche Empfehlung zu den Allgemeinen Bedingungen für die Kfz-Versicherung (AKB), Stand Februar 2014, veröffentlicht unter www.gdv.de/downloads/versicherungsbedingungen/allgemeine-bedingungen-fur-die-kfz-versicherung-akb-2008.

11 AG Düsseldorf v. 4.3.2005 – 30 C 11294/04 = Schaden-Praxis 2006, 73.

12 AG Stuttgart v. 10.12.1987 – 15 C 9783/87 = VersR 1988, 1019.

auch das Erfordernis eines »Bruchschadens« machen deutlich, dass »Verglasung« im üblichen Wortsinn gemeint ist. Messgeräte würde ein durchschnittlicher Versicherungsnehmer nicht der Verglasung des Fahrzeugs zuordnen. In der einzigen hierzu veröffentlichten Entscheidung hat auch das LG Verden diese Ansicht vertreten und den Austausch eines Messsystems aus der Teilkaskoversicherung abgelehnt.[13] Viele Versicherer haben in ihren Versicherungsbedingungen zwischenzeitlich auch ausdrücklich klargestellt, dass Glasteile von elektronischen Mess- und Assistenzsystemen nicht als Glasbruch ersetzt werden. Ein Ersatz dieser Teile als Unfallschaden gemäß A.2.3 AKB (z.B. nach einem Verkehrsunfall oder bei Steinschlag) ist selbstverständlich möglich.

V. Hacker-Angriffe

Ein weiteres Sonderproblem von Assistenzsystemen ist die Frage, ob eine Beschädigung des Assistenzsystems durch einen Hacker-Angriff in der Vollkaskoversicherung gedeckt ist. Ein daraus resultierender Unfall wäre unproblematisch versichert. Fraglich ist hingegen, ob auch der Schaden am Assistenzsystem selbst als mut- oder böswillige Handlung vom Versicherungsschutz umfasst ist. Zunächst erfüllt ein Hacker-Angriff unproblematisch die Voraussetzung der Mut- oder Böswilligkeit. Wobei sich der Begriff »mutwillig« mehr auf solche Täter bezieht, die nur einen dummen Streich ausführen, wohingegen der Begriff »böswillig« die Freude an der Schädigung des Fahrzeugeigentümers bzw. eine feindliche Haltung ihm gegenüber zum Ausdruck bringt und eine schlechte Gesinnung voraussetzt.[14]

Voraussetzung für den Versicherungsschutz aus der Kaskoversicherung ist jedoch gem. A.2 AKB auch, dass aus den versicherten Gefahren eine Beschädigung, Zerstörung oder ein Verlust des Fahrzeugs resultiert. Die erforderliche »Beschädigung« liegt jedoch im Falle eines Hacker-Angriffs nicht vor, da eine Beschädigung nach herrschender Meinung eine Substanzverletzung voraussetzt.[15] Bei einem Hacker Angriff, der »lediglich« zu einem Fehler in der Elektronik und nicht zu einem Unfall führt, fehlt es jedoch an einer solchen Substanzverletzung.

13 LG Verden v. 18.8.2010 – 2 S 247/09 = SP 2010, 410.

14 Vgl. hierzu z.B. OLG Hamm v. 8.6.1995 – 6 U 182/94 = VersR 1996, 1233.

15 Vgl. hierzu Schönke/Schröder/*Stree/Hecker*, StGB, § 303, Rn. 8 ff.

D. Verlust des Versicherungsschutzes bei grober Fahrlässigkeit

I. Assistenzsysteme dürften die Schwelle für zulässige Ablenkungen verändern

Anders als in der Kfz-Haftpflichtversicherung, wo grobe Fahrlässigkeit mitversichert ist (vgl. oben), verliert der Versicherungsnehmer bei grob fahrlässiger Herbeiführung des Versicherungsfalls in der Kaskoversicherung gem. § 81 VVG seinen Versicherungsschutz (soweit der Versicherer nicht im Versicherungsvertrag auf den Einwand der groben Fahrlässigkeit verzichtet hat). § 81 VVG sieht für die schuldhafte Herbeiführung des Versicherungsfalls folgendes System vor: Einfach fahrlässig verursachte Verstöße bleiben folgenlos. Bei grob fahrlässigen Verstößen kann der Versicherer seine Leistung entsprechend der Schwere des Verschuldens kürzen (Quotelung), während er bei Vorsatz vollständig leistungsfrei ist.

Die zur aktuellen Rechtslage ergangene Rechtsprechung stellt an die Aufmerksamkeit des Fahrers hohe Anforderungen. Bei Ablenkungen durch Telefonieren, Bedienung von Radios oder Suchen nach heruntergefallenen Gegenständen wird nach dem Zeitraum und Maß der Ablenkung und der Gefährlichkeit der Verkehrssituation differenziert. Grobe Fahrlässigkeit wurde von der Rechtsprechung beispielsweise bejaht beim Telefonieren mit Handy ohne Freisprecheinrichtung bei 120 km/h auf der Autobahn bei Nebel und nasser Fahrbahn[16], beim Bücken nach einer brennenden Zigarette[17] oder beim Suchen nach Papieren im Handschuhfach[18].

Das Vorhandensein eines Assistenzsystems (z.B. Bremsassistent, Spurhalteassistent) blieb bei der Betrachtung der Schwere des Verschuldens und der daraus resultierenden Frage der teilweisen oder vollständigen Leistungsfreiheit bisher außer Betracht. Dies könnte sich zukünftig ändern. Grobe Fahrlässigkeit setzt in objektiver Hinsicht voraus, dass der Handelnde die im Verkehr erforderliche Sorgfalt in ungewöhnlich hohem Maße verletzt und unbeachtet lässt, was im gegebenen Fall jedem hätte einleuchten müssen. Zusätzlich ist in subjektiver Hinsicht ein unentschuldbares Fehlverhalten erforderlich, das ein gewöhnliches Maß erheblich übersteigt. Kriterien sind dabei zum Beispiel das Maß, in dem andere gefährdet wurden[19] und die Wahrscheinlichkeit und Höhe des drohenden Schadens.[20]

16 OLG Köln v. 19.9.2000 – 9 U 43/00 = VersR 2001, 580.
17 OLG Hamm v. 26.1.2000 – 20 U 155/99 = r+s 2000, 230.
18 OLG Stuttgart, v. 22.10.1998 – 7 U 118/98 = r+s 199, 56.
19 LG Berlin v. 9.1.2013 – 42 O 397/11 = r+s 2013, 488.
20 LG Frankfurt v. 29.11.2011 – 28 O 206/11 = VersR 2012, 717.

Beides wird beispielsweise durch das Vorhandensein eines Brems- bzw. Abstandsassistenten deutlich reduziert. Richtigerweise ist deshalb das Vorhandensein eines Assistenzsystems bei der Bemessung der Schwere des Verschuldens in Zukunft zu berücksichtigen. Insbesondere bei einer Entwicklung zu hoch- bzw. vollautomatisierten Fahrzeugen ist jedoch eine klare gesetzgeberische Regelung erforderlich, ob und inwieweit die technischen Systeme den Fahrer von seiner Aufmerksamkeitspflicht entbinden. Fahrfremde Tätigkeiten dürfen selbstverständlich nur soweit erlaubt werden, als gewährleistet ist, dass der Fahrer die zur sicheren Fahrzeugführung erforderlichen Fahraufgaben in einer angemessenen Zeit wieder übernehmen kann. Hierzu besteht noch Forschungsbedarf. Für den Versicherer ist in jedem Fall wichtig, genaue Kenntnis darüber zu haben, in welchem Modus[21] sich das Fahrzeug beim Unfall befunden hat.

II. Deaktivierung des Systems keine grobe Fahrlässigkeit

Im Zusammenhang mit Fahrerassistenzsystemen ist darüber hinaus fraglich, ob eine Deaktivierung des Systems eine grobe Fahrlässigkeit darstellt. Normalerweise dürfte dies zu verneinen sein, da eine Aktivierungspflicht nicht besteht. Zwar hat das OLG Hamm[22] in einem Fall der Deaktivierung von ESP grobe Fahrlässigkeit angenommen, doch wurde das Assistenzsystem in diesem Fall bewusst deaktiviert, um das Fahrzeug zum Driften zu bringen.

E. Regress des Versicherers bei Fehlern des Assistenzsystems

I. Kfz-Haftpflichtversicherer und Hersteller haften als Gesamtschuldner

Ist in der Kfz-Haftpflichtversicherung die Schädigung eines Dritten (auch) auf einen Fehler des Assistenzsystems zurückzuführen, haften der Kfz-Haftpflichtversicherer, der vom Geschädigten gem. § 115 Abs. 1 VVG direkt in Anspruch genommen werden kann, und der ggf. aus Produkt- bzw. Produzentenhaftung verantwortliche Hersteller als Gesamtschuldner. Dem Geschädigten steht grundsätzlich frei, wen er in Anspruch nimmt, doch ist

21 Vgl. zu einem möglichen Lösungsansatz die Ausführungen von *Schmidt-Cotta* im selben Band.

22 OLG Hamm v. 10.8.2007 – 20 U 218/06 = r+s 2007, 453.

davon auszugehen, dass der Geschädigte sich aufgrund der deutlich geringeren Anforderungen zunächst an den gem. § 7 StVG haftenden Fahrzeughalter bzw. dessen Kfz-Haftpflichtversicherer halten wird. Dieser wiederum wird beim Fahrzeughersteller Rückgriff nehmen, wenn der Unfall auf ein Versagen eines Assistenzsystems zurückzuführen ist. Im Innenverhältnis zwischen den Gesamtschuldnern hängt die Verpflichtung zum Schadensersatz gem. §§ 426 Abs. 1 i.V.m. 254 BGB davon ab, inwieweit der Schaden vorwiegend von dem einen oder dem anderen Teil verursacht worden ist. Zur Klärung dieser Frage ist eine genaue Kenntnisse des Versicherers über Art und Funktionsweise der verbauten Fahrassistenzsysteme nötig. Die allgemeine Bezeichnung ist hier nicht ausreichend, was das Beispiel eines »Parkassistent« verdeutlicht. Hier reicht das Leistungsspektrum von der einfachen akustischen Warnung bis hin zu Fahrzeugen, die automatisch einparken.

II. Forderungsübergang bei Leistung des Kaskoversicherers

Auch der Kaskoversicherer ist im Verhältnis zum Versicherungsnehmer bei einem Fehler des Assistenzsystems zunächst eintrittspflichtig, da die Eintrittspflicht des Kfz-Kaskoversicherers beim Vorliegen eines versicherten Unfalls unabhängig davon ist, ob ein anderer Verursacher für den Schaden (mit-) verantwortlich ist. Nach § 86 Abs. 1 VVG geht jedoch der Ersatzanspruch, der dem Versicherungsnehmer gegen den Dritten zusteht, auf den Versicherer über. Dieser gesetzliche Forderungsübergang verfolgt einen doppelten Zweck: Zum einen soll eine Bereicherung des Versicherungsnehmers im Schadensfall verhindert werden, die dann eintreten würde, wenn er die Leistung sowohl vom Schädiger als auch von seinem Versicherer erhielte. Zum anderen soll der Schädiger keinen Vorteil dadurch erlangen, dass der Versicherungsnehmer versichert ist und deswegen von seinem Versicherer Leistungen erhält. Nimmt der Versicherungsnehmer seinen Kaskoversicherer in Anspruch, gehen seine ggf. gegen den Fahrzeughersteller bestehenden Produkthaftungsansprüche auf den Kaskoversicherer über, der dann in diesem Rahmen Regress beim verantwortlichen Hersteller nehmen wird.

Für den Versicherungsnehmer führt der Schaden gemäß I.4.1.2 c AKB dann nicht zur Rückstufung, wenn der Regress des Versicherers erfolgreich ist und der Hersteller die Aufwendungen des Kaskoversicherers in vollem Umfang zurückerstattet.

F. Fazit und Ausblick

Das bestehende rechtliche System der Kfz-Versicherung ist in seinen Grundzügen auch für die zukünftige Entwicklung von teil, hoch- und vollautomatisiert fahrenden Fahrzeugen gewappnet. Insbesondere ist der Schutz des unschuldigen Verkehrsopfers in der Kfz-Haftpflichtversicherung weiterhin gewährleistet, auch wenn sich die Haftung von einem Verschulden des Fahrers zur Gefährdungshaftung des Halters hin verlagern wird. Der Halter muss sich im Rahmen seiner Haftung nach § 7 StVG sowohl Fehler seines Fahrers als auch Funktionsstörungen von Assistenzsystemen zurechnen lassen. Das unschuldige Verkehrsopfer wird in jedem Fall entschädigt und sich voraussichtlich auch in Zukunft zunächst an den Kfz-Haftpflichtversicherer des Fahrzeughalters wenden, da die Anspruchsvoraussetzungen im Vergleich zu Ansprüchen aus der Produkt- bzw. Produzentenhaftung geringer und einfacher nachzuweisen sind. Der Kfz-Versicherer wiederum wird seine Versicherungsleistung vom Hersteller zurückzufordern, soweit der Schaden auf ein Versagen eines Assistenzsystems zurückzuführen ist. Für den Versicherer wird es deshalb zunehmend wichtiger zu wissen, ob und welche Assistenzsysteme im Fahrzeug vorhanden und aktiv waren, um welchen Automatisierungsgrad es sich handelt und welche Leistungsfähigkeit die verbauten Systeme haben. Hier wird es in den nächsten Jahren auch Aufgabe des Gesetzgebers sein, für die erforderliche Transparenz zu sorgen.

Ist die Providerhaftung im Lichte vernetzter autonomer Systeme noch zeitgemäß?

Bardia Kian, LL.M. (LSE),
Universität Regensburg

*Dr. Alexander Tettenborn**,
Bundesministerium für Wirtschaft und Energie (BMWi)

A. Einleitung

Die Zukunft von Transport und Produktion steht ganz im Lichte vernetzter autonomer Systeme. Diese versprechen erhöhte Effizienz und die Erleichterung vieler Tätigkeiten. Sie sind für ihre Funktion jedoch maßgeblich auf die Anbindung an netzgespeiste Informationen angewiesen. Provider, die den Transport und die Bereithaltung solcher Informationen zu verantworten haben, werden damit künftig eine noch wichtigere Rolle einnehmen. Da sich die Möglichkeiten zur ungewollten Manipulation solcher Systeme – vor allem in der Sphäre der Provider – deutlich erweitern, ist es geboten, auch deren Rolle sowie die zivil- und strafrechtliche Providerhaftung näher zu beleuchten. Im Mittelpunkt der vorliegenden Erörterung steht die Frage, ob das geltende Recht noch zeitgemäß ist oder vielmehr eine interessengerechte Auslegung bzw. Veränderung erforderlich ist.

B. Das Zeitalter vernetzter autonomer Systeme

I. Vernetzte autonome Systeme

Vernetzte autonome Systeme können vollkommen frei von menschlichen Eingriffen agieren, reagieren und kommunizieren. Sie handeln intelligent, da sie zum einen auf eigene Sensoren und Messinstrumente zurückgreifen, aber auch Informationen aus einem Netzwerk anfordern, verarbeiten sowie Daten nach außen tragen können. Die marktreife Anreicherung konventioneller Systeme mit den Möglichkeiten der Informationstechnik ist längst

* Der Beitrag gibt die persönliche Auffassung der Autoren wieder und nicht die des Bundesministeriums für Wirtschaft und Energie.

kein Wunschdenken mehr; vielmehr ist noch in diesem Jahrzehnt mit deren Einführung zu rechnen.

In jüngster Zeit haben dabei vor allem zwei Beispiele vernetzter autonomer Systeme an Bedeutung gewonnen: Das autonome Fahren und Industrie 4.0. Beide Konzepte verschieben den Fokus vom Nutzer auf die Eigenständigkeit der Maschine. Der Mensch steht, zumindest hinsichtlich der Bedienung und des Betriebs der Systeme, nicht mehr im Mittelpunkt. Die Anforderungen an den Menschen steigen jedoch im Vorfeld der Produktion, da die Systeme entworfen und gestaltet und damit mit »Leben« gefüllt werden müssen.[1]

II. Entwicklung

1. Autonomes Fahren

Besonders medienwirksam wird die Entwicklung des vollständig automatisierten Fahrens inszeniert. Der Fahrer soll sich zurücklehnen können, während das Fahrzeug selbstständig von A nach B fährt. Es lenkt, beschleunigt und bremst hierbei intelligent und kann zu jeder Zeit seine Umgebung und etwaige Gefahren einschätzen und hierauf reagieren. Erste Schritte in diese Richtung stellen etwa selbstlenkende Einparkhilfen oder intelligente Tempomaten dar, die den Mindestabstand zum nächsten Fahrzeug einhalten können.

Tatsächlich ist in absehbarer Zeit mit funktionierenden und massentauglichen autonomen Fahrzeugen zu rechnen. So haben Fahrzeughersteller wie Audi[2], Volvo[3] und Mercedes-Benz[4] bereits vielversprechende Konzepte vorgestellt und selbst der Konzern Google[5] forscht inzwischen rege in diesem Bereich. Auch die autonome Interaktion von Fahrzeugen untereinander ist ein wesentlicher Baustein dieser Entwicklung. Ein Beispiel ist etwa das

1 *Russwurm*, Software: Die Zukunft der Industrie, in: *Sendler* (Hg.), Industrie 4.0, S. 21 – 36 (33).

2 http://www.auto-motor-und-sport.de/news/autonomes-fahren-selbstfahrender-audi-koennte-2016-in-serie-gehen-6504673.html.

3 http://www.auto-motor-und-sport.de/news/volvo-plant-autonomes-auto-keine-laestige-parkplatzsuche-mehr-7291235.html.

4 http://www.auto-motor-und-sport.de/news/mercedes-future-truck-2025-autonom-in-die-zukunft-8441794.html.

5 http://www.wiwo.de/technologie/auto/mobilitaet-ganz-legale-geisterfahrer/5824716.html.

sog. Platooning, also die Aneinanderreihung autonom fahrender Lkw hinter einem durch einen Menschen bedienten Führungsfahrzeug.[6]

Von Herstellerseite wurde jüngst verlautet, dass bereits ab dem Jahr 2016 weitestgehend autonome Fahrzeuge in die Serienproduktion starten können.[7] Die bevorstehende Marktreife des autonomen Fahrens hat zahlreiche Staaten veranlasst, eine Änderung des Wiener Übereinkommens über den Straßenverkehr anzustoßen, da der Einsatz autonomer Fahrzeuge derzeit nicht mit dem geltenden Recht vereinbar[8] ist. Laut eines jüngst erarbeiteten Ergänzungsvorschlags entfällt das bisher vorausgesetzte Erfordernis der »Fahrzeugbeherrschung«, wenn voll- oder teilautonome Fahrzeuge gemäß anderer internationaler Abkommen wie dem ECE-Abkommen als zulässig eingestuft werden. Auch die technischen Vorgaben des Wiener Übereinkommens gelten dann als erfüllt. Ein Fahrzeugführer müsste dann zwar weiterhin anwesend sein, dürfte jedoch seine Hände vom Lenkrad nehmen.[9]

Parallel zu der Entwicklung autonomer Fahrzeuge schreitet auch die vollständige Vernetzung von Fahrzeugen in hohem Tempo voran. Diese können entweder auf externe Informationen zurückgreifen, aber auch als bloßer Empfänger oder als Quelle von Informationen zur Verfügung stehen. Beispielsweise ist es möglich, per Smartphone-Applikation über eine Bluetooth-Verbindung Zugriff auf Fahrzeuginformationen zu erhalten und gewisse Elemente des Fahrzeugs wie Schiebedach und Lampen zu bedienen.[10] Die Implementierung von Software wie Apple CarPlay[11] ist ein weiterer Schritt in der Vertiefung der Kommunikationsmöglichkeiten zwischen Fahrzeugen und Endgeräten. Ebenso wird die Interaktion mit Online-Quellen ermöglicht.[12] Fahrzeughersteller wie BMW[13], Audi[14] und Tesla[15] statten

6 http://www.kfz-betrieb.vogel.de/nutzfahrzeuge/articles/301186/.

7 http://www.auto-motor-und-sport.de/news/autonomes-fahren-selbstfahrender-audi-koennte-2016-in-serie-gehen-6504673.html.

8 Ausführlich *Lutz/Tang/Lienkamp*, NZV 2013, 57 ff. und *Lutz*, NZV 2014, 67 ff.

9 Ausführlich zu den geplanten Änderungen *Lutz*, DAR 2014, 446 (448 ff.); *ders.* im vorliegenden Band.

10 So z.B. die iOS App Tesla Model S, https://itunes.apple.com/us/app/tesla-model-s/id582007913?mt=8; vgl. auch Handelsblatt, 29.9.2014, S. 20 f., »Apps am Armaturenbrett«.

11 https://www.apple.com/ios/carplay/.

12 *Stümpfle/Kohler*, Die Konnektivität als Kernmerkmal von Premium-Fahrzeugen, in: *Sendler* (Hg.), Industrie 4.0, S. 125 – 144 (133 f.).

13 http://www.androidmag.de/report/android-kann-fahren/.

14 http://money.cnn.com/2014/01/07/technology/audi-tesla-att/index.html.

15 http://money.cnn.com/2014/01/07/technology/audi-tesla-att/index.html.

ihre Fahrzeuge mit einer Internetanbindung aus, um ihren Kunden den Zugriff auf Internetradiostationen und soziale Medien wie Facebook und Twitter zu ermöglichen. Das Fahrzeug kann zudem auch selbst als Knoten im Internet sichtbar gemacht werden, sodass von außerhalb auf gewisse Funktionalitäten zugegriffen werden kann.[16] Beispielsweise kann dem Kunden die Möglichkeit gegeben werden, das Auto aus der Ferne auf seine Wünsche vorzukonditionieren – etwa durch Einstellung der Sitzheizung oder der Klimaanlage – oder Zugriff auf dessen verbleibende Reichweite zu erlangen.[17] Für Hersteller selbst kann eine Zugriffsmöglichkeit sinnvoll sein, um im Rahmen des Customer Relationship Managements Informationen über den Zustand des Fahrzeuges zu erhalten und diese dem Kunden mitteilen zu können.[18] Die Vernetzung von Fahrzeugen ist bereits soweit vorangeschritten, dass vermutet wird, die Hersteller hätten in bestimmten Fällen die Möglichkeit, Pkws per Fernzugriff zu deaktivieren.[19] In ähnlicher Weise ist zu erwarten, dass Fahrzeughersteller auch Softwareupdates aufspielen können, um etwa Motoreinstellungen zu verändern oder Fahrzeuge aus der Ferne zu warten.

Vor allem vollständig autonome Fahrzeuge sind für die reibungslose Funktion auf den Zugang zu einer Vielzahl von Informationen angewiesen, die sie nicht immer selbst an Ort und Stelle erzeugen können. Autonome Fahrzeuge werden daher in der Lage sein, diese aktiv abzurufen oder passiv in Empfang zu nehmen; sie sind jedoch vollständig darauf angewiesen, dass die Informationen korrekt sind.

2. Industrie 4.0

Schneller noch als beim Konzept des autonomen Fahrens wird man mit der Etablierung autonomer Produktionsvorgänge rechnen müssen. Im Zeitalter der vierten industriellen Revolution[20] wird die Vernetzung der Produktion

16 *Stümpfle/Kohler*, Die Konnektivität als Kernmerkmal von Premium-Fahrzeugen, in: *Sendler* (Hg.), Industrie 4.0, S. 125 – 144 (133 f.).

17 Ebd.

18 Ebd., S. 135.

19 Etwa sofern der Kunde mit den Leasingraten im Verzug ist, Angriff auf der Autobahn, FAZ v. 23.07.2014.

20 Während mit der ersten industriellen Revolution, die folgenreiche Umgestaltung wirtschaftlicher und sozialer Verhältnisse beim Übergang von der Agrar- zur Industriegesellschaft gemeint ist, ist die Mechanisierung und Massen- und Fließ-

immer weiter vorangetrieben, um eine durchgängige Automation zu erreichen.[21] Das Konzept der Industrie 4.0 zielt darauf ab, die virtuelle IT-Landschaft mit der realen Welt der Produktion zu verschmelzen. Maschinen, Dienste und Technologien werden dabei vor allem mit den Kommunikationsmöglichkeiten des Internets verbunden.[22] Die hierzu eingesetzte Software wird nicht mehr nur mit Blick auf konkrete Arbeitsschritte programmiert.[23] Ziel ist es vielmehr, dem gesamten Produktionsvorgang zu einem elektronischen Gedächtnis sowie elektronischer Intelligenz zu verhelfen, sodass menschliche Eingriffe insoweit unnötig werden. Solche vernetzten autonomen Maschinen bilden im Verbund eine sog. Smart Factory und sind in der Lage, ganze Produktionsabläufe zu steuern und sich parallel um die Bereitstellung des notwendigen Materials zu kümmern.[24] Ermöglicht wird dieses Konzept erst durch die konsequente Miniaturisierung der eingesetzten Elektronik, die die drahtlose Konnektivität nach außen sicherstellt.[25] Dabei geht die Entwicklung der Industrie 4.0 Hand in Hand mit dem sich immer weiter durchsetzenden »Internet der Dinge« (sog. Internet of Things oder IoT). Folglich können nicht mehr nur Menschen und Computer miteinander kommunizieren, sondern alle Geräte, die einen Netzwerkzugang besitzen und – vor allem im Rahmen der Industrie 4.0 – auch Maschinen untereinander (sog. m2m).[26]

III. Vorteile vernetzter autonomer Systeme

Vernetzte autonome Systeme versprechen zahlreiche Vorteile. Da die Notwendigkeit eines menschlichen Zugriffs weitestgehend entfällt, kann der Einsatz solcher Systeme deutlich komfortabler sein. Menschliche Kapazi-

bandproduktion zu Beginn des 20. Jahrhunderts charakteristisch für die zweite industrielle Revolution. Die Etablierung der automatisierten speicherprogrammierten Produktion in den Siebzigerjahren des 20. Jahrhunderts führte schließlich zur dritten industriellen Revolution, vgl. *Sendler*, in: *ders.*, Industrie 4.0, S. 1 (6).

21 IT-Mittelstand, 7-8/ 2014, S. 29.

22 Hierzu siehe etwa das Zukunftsprojekt Industrie 4.0 des BMBF, http://www.bmbf.de/de/9072.php sowie das Technologieprogramm des BMWi »Autonomik für Industrie 4.0«, http://www.autonomik40.de/Was%20ist%20Autonomik%20fuer%20Industrie%2040.php.

23 *Sendler*, in: *ders.*, Industrie 4.0, S. 1 (6).

24 Projektflyer »Autonomik für Industrie 4.0«, http://www.autonomik40.de/_img/article/Autonomik_flyer_barrfrei.pdf.

25 *Sendler*, in: *ders.*, Industrie 4.0, S. 1 (7 f.).

26 Ebd., S. 1 (10 ff.).

täten können damit anderweitig eingesetzt werden. Auch sind durch die effizientere Entscheidungsfindung vernetzter autonomer Systeme spürbare Kosten- und Zeiteinsparungen zu erwarten. Diesen intelligenten Systemen ist es theoretisch möglich, ohne störende Einflüsse – wie Zeitdruck und Stress – rationale Entscheidungen zu treffen und auf besondere Konstellationen angemessen zu reagieren. Sie können anhand diverser Algorithmen den günstigsten Weg errechnen, eine bestimmte Aufgabe zu Ende zu führen und währenddessen getroffene Entscheidungen noch adäquat abändern. Diese Effizienz ermöglicht neben Kostensenkungen auch einen sparsamen Umgang mit Ressourcen und trägt damit letztendlich sogar zum Umweltschutz bei.

IV. Risiken vernetzter autonomer Systeme

Diese vielsprechenden Entwicklungen im Bereich vernetzter autonomer Systeme sind jedoch nicht ohne Risiken. Gerade das Potenzial möglicher Sach- und Personenschäden ist hier deutlich höher anzusiedeln als bei Systemen, die ohne Netzwerkanbindung operieren und auf einen menschlichen Eingriff angewiesen sind. Obwohl vernetzte autonome Systeme im Grundsatz in der Lage sind, mögliche Gefahren abzuwenden, können sie nicht alle für ihre Funktion notwendigen Informationen selbst erzeugen, sondern sind auf externe Informationen angewiesen. Durch die hierzu erforderlichen Kommunikationswege steigt die Zahl möglicher Einfallstore, an welchen schädigende Daten eingespeist werden können. Folge des Zugriffs auf derartige Informationen können Fehlfunktionen sein, die zu Schäden beim Nutzer, am System selbst oder an anderen Systemen führen und den kompletten Aufgabenvorgang tangieren können. Selbst wenn die den jeweiligen autonomen Systemen innewohnenden Risiken effektiv eingedämmt werden können, so besteht weiterhin die Gefahr von unerlaubten Drittzugriffen, die nicht mehr im Machtbereich der Hersteller erfolgen und deshalb von diesen nicht verhindert werden können.

Greift etwa ein vernetztes autonomes Fahrzeug auf Informationen zurück, die bei Dienstanbietern zeitweise oder dauerhaft zum Abruf gespeichert sind und haben diese Inhalte direkten Einfluss auf die Fahrweise des Systems, so könnte eine Manipulation dieser Inhalte im Machtbereich der Dienstanbieter möglicherweise zu einem Unfall des Fahrzeugs und zu erheblichen Sach- und Personenschäden führen. Besonders sensibel sind etwa das benötigte Kartenmaterial, Wetterdaten, Informationen über die Beschaffenheit von Straßen (z.B. Glatteis) und Stau. In ähnlicher Weise wäre eine Maschine in einer Smart Factory tangiert, wenn sie für die Produktionsabläufe maßgeblich auf Informationen angewiesen ist, die bei einem Dienstanbieter bereitgehalten werden. Eine Manipulation der Informationen könnte so zu Fehlern im Produktionsablauf führen und Produktionsausfälle sowie Personenschäden nach sich ziehen.

Auch ein Angriff auf die Übertragungswege von Dienstanbietern, welche autonomen Systemen den Zugriff auf Inhalte im Internet ermöglichen oder es den Herstellern, Nutzern und Produzenten erlauben, mit den Systemen zu kommunizieren, könnte es potenziellen Schädigern erleichtern, an essenzielle Maschinendaten zu gelangen und das Fahr- und Produktionsverhalten etwa durch Lenkbewegungen und andere Anweisungen derart zu beeinflussen, dass Schäden verursacht werden.

Die Möglichkeit solcher Angriffe kann – trotz derzeit wohl noch ausreichend abgesicherter und abgeschotteter Fahrzeugumgebungen – nicht außer Acht gelassen werden, da feindlich gesinnte Dritte ihre Chance kaum ungenutzt lassen werden, um Daten, die für vernetzte Systeme bestimmt sind, zu manipulieren oder einen direkten Zugriff auf solche Systeme zu erlangen. Motivationen dafür sind zahlreich, sei es, die Angriffe erfolgen aus schierer Schädigungsabsicht oder den Schädigern erwachsen aus ihrem Handeln unmittelbare oder mittelbare Vorteile. Es ist deshalb zu erwarten, dass vernetzte Systeme immer häufiger Zielscheibe von Angriffen sein werden.[27] Die Möglichkeit des ungewollten Einflusses auf vernetzte Systeme kann an zwei Beispielen verdeutlicht werden: Erstens wird vermutet, dass durch die Einschleusung des Stuxnet-Wurms in iranische Atomanlagen die Betriebsgeschwindigkeit von Zentrifugen zur Anreicherung von Uran manipuliert werden konnte, was zu deren Beschädigungen geführt hat.[28] Der schädliche Wurm kann selbstständig arbeiten und wurde gezielt auf die Manipulation von Maschinenfunktionen hin programmiert. Der dazu benötigte Programmcode wird bei der Infektion bereits mitgeführt.[29] Zweitens war es einer Gruppe von Fachleuten gelungen, in einem wissenschaftlichen Versuch über die Bluetooth-Anbindung eines Fahrzeugs Zugriff auf dessen Bordelektronik zu erlangen und das komplette Bremssystem bei voller Fahrt zu deaktivieren.[30]

27 *Stümpfle/Kohler*, Die Konnektivität als Kernmerkmal von Premium-Fahrzeugen, in: *Sendler* (Hg.), Industrie 4.0, S. 125 – 144 (138).

28 http://isis-online.org/uploads/isis-reports/documents/stuxnet_FEP_22 Dec2010.pdf.

29 http://isis-online.org/uploads/isis-reports/documents/stuxnet_FEP_22 Dec2010.pdf.

30 http://www.heise.de/tr/artikel/Hacker-uebernehmen-das-Steuer-1764048.html.

Während der Stuxnet-Wurm noch weitestgehend lokal arbeitete und das manipulierte Fahrzeug zumindest einen Zugriff durch Geräte an Ort und Stelle benötigte, kann ein Angriff über die Netzwerkanbindung von autonomen Fahrzeugen und Maschinen ganz andere Dimensionen annehmen. Sofern es nämlich an effizienten technischen Vorkehrungen auf den Kommunikationswegen oder bei den Anbietern abrufbarer Inhalte mangelt, können unzählige Personen theoretisch von jedem Ort auf der Welt derart vernetzte autonome Systeme beeinflussen. Bedenklich ist auch, dass sich das Schädigungspotenzial bei einer Manipulation dieser Systeme um ein vielfaches höher darstellt, als bei konventionellen Technologien. Da die Einflussmöglichkeit des Nutzers auf ein Minimum reduziert wird, gibt dieser sich weitestgehend in die Hand der Systeme. Er kann oft nur bedingt auf Fehlfunktionen reagieren. Sind zudem erst einmal Schwachstellen bei denjenigen Anbietern ausgemacht, die die Übertragungswege zu verantworten haben oder Speicherorte für Informationen verfügbar halten, könnte die Vernetzung zur Folge haben, dass eine Vielzahl autonomer Systeme durch einen einzigen Angriff automatisiert steuerbar wird. Manipulationshandlungen im Wirkbereich der Dienstanbieter könnten die allgemeine Sicherheit und Ordnung dementsprechend empfindlich tangieren und enorme Sach- und Personenschäden nach sich ziehen. Sämtliche Vorteile, wie beispielsweise die Einsparung von Kosten, Zeit und Aufwand sowie Sicherheits- und Komforterhöhungen, würden dadurch zunichte gemacht. Vor allem aber würde das Vertrauen in den bedeutenden Wirtschaftsfaktor autonome Systeme unwiederbringlich verloren gehen.

C. Die Providerhaftung im Lichte der Risiken vernetzter autonomer Systeme

Die Etablierung vernetzter autonomer Systeme wird zur Folge haben, dass der Umfang des weltweiten Datenverkehrs deutlich ansteigt. Aus diesem Grund werden Dienstanbieter, die die Bereitstellung von Daten oder den Informationsfluss von und zu derartigen Systemen ermöglichen, immer häufiger in Anspruch genommen werden. Angesichts der zahlreichen, von den Herstellern nicht beeinflussbaren, Risiken vernetzter autonomer Systeme ist es geboten, die nach derzeitigem Recht vorgesehene Verantwortlichkeit von Providern für rechtswidrige Daten näher zu beleuchten.

I. Das Konzept der Providerhaftung

1. Entstehungsgeschichte

Die Verantwortlichkeit von Dienstanbietern war in seiner jetzigen Form[31] bereits ab dem 21. Dezember 2001 in den §§ 8 ff. TDG geregelt und wurde zum 1. März 2007 in die §§ 7 ff. TMG übertragen. Diese Vorschriften gehen auf Artt. 12 ff. der Richtlinie 2000/31/EG (Richtlinie über den elektronischen Geschäftsverkehr bzw. E-Commerce-Richtlinie) zurück. Gegenstand der Richtlinie sind unter dem Leitbild des Internets solche Dienstleistungen, die interaktiv im Fernabsatz und auf elektronischem Wege erbracht werden. Rundfunk- und Telekommunikationsdienste wurden hingegen nicht berücksichtigt.[32] Die unterschiedlichen mitgliedstaatlichen Regelungen zur Verantwortlichkeit von Anbietern interaktiver Dienste hatten den europäischen Gesetzgeber zu einer Harmonisierung bewogen. Vor allem wurde damit dem Umstand Rechnung getragen, dass straf- und haftungsrechtliche Risiken für Provider die Durchsetzung des elektronischen Verkehrs empfindlich beeinträchtigen können, obwohl die Provider in vielen Fällen keine tatsächliche Möglichkeit haben, Informationen, die Gegenstand von Telemediendiensten sind, zu kontrollieren.[33] Die Regelungen zur Providerhaftung sind Gegenstand einer Vollharmonisierung, sodass die Mitgliedstaaten bei deren Umsetzung nicht vom Regelungsbereich der Richtlinie abweichen dürfen.[34] Der europäische Gesetzgeber wollte durch den engen Umsetzungsspielraum Wettbewerbsverzerrungen verhindern, die entstünden, wenn Provider ihre Niederlassungen in Mitgliedstaaten mit geringeren Standards verlegten.[35] Auch ein »race to the bottom« welcher die Mitgliedstaaten dazu bewegt, allzu durchlässige Vorschriften zu erlassen, um für Investitionen attraktiv zu bleiben, sollte so ausgeschlossen werden.

31 Zuvor war die Verantwortlichkeit von Dienstanbietern bereits seit Inkrafttreten des Informations- und Kommunikationsdienstegesetzes – IuKDG – am 1.8. 1997 in § 5 TDG und auf Länderebene im § 5 MDStV geregelt; vgl. dazu grundlegend *Engel-Flechsig/Maennel/Tettenborn*, Neue Gesetzliche Regelungen für Multimedia, 1997, S. 15 ff.

32 *Tettenborn/Bender/Lübben/Karenfort*, BB Beilage 10/2001, 2.

33 Ebd.

34 Ebd., S. 27; *Hoffmann*, in: *Spindler/Schuster*, Recht der elektronischen Medien, Vorbemerkung § 7 – § 10 TMG, Rn. 21.

35 *Tettenborn/Bender/Lübben/Karenfort*, BB Beilage 10/2001, 27.

2. Inhalt

Provider, also Anbieter von Diensten, welche die Inanspruchnahme des Internets ermöglichen, werden durch die §§ 7 ff. TMG dahingehend privilegiert, dass ihre Verantwortlichkeit und damit die zivil- und strafrechtliche Haftung[36] unter gewissen Umständen entfällt. Das Gesetz unterscheidet hierbei zwischen verschiedenen Provider-Kategorien. § 8 TMG erfasst Anbieter, die den Zugang zu fremden Inhalten vermitteln (sog. Access-Provider) bzw. die fremde Informationen in einem Kommunikationsnetz übermitteln (sog. Network-Provider). Als Access-Provider kommen Anbieter in Betracht, die die Zugangsvermittlung als Telekommunikationsdienst erbringen. Network-Provider lassen sich demgegenüber in solche Anbieter unterteilen, die die Übertragung auf der technischer Ebene ermöglichen und solche, die Dienste auf der Anwendungsebene, wie z.B. E-Mail-Dienste, zur Verfügung stellen.[37] § 9 TMG bezieht sich auf Anbieter, die fremde Daten kurzfristig zwischenspeichern, um die Übermittlung an die Nutzer effizienter zu gestalten (sog. Caching-Provider). Anbieter, die fremde Informationen für die Nutzer speichern (sog. Hosting-Provider), unterfallen hingegen § 10 TMG. Zu deren Tätigkeitsgebieten gehört insbesondere das Hosting von Webseiten und Foren.[38] Von diesen sind gem. § 7 TMG schließlich Anbieter zu unterscheiden, die eigene Informationen auf einer eigenen Infrastruktur bereithalten (sog. Content-Provider).[39]

Das TMG sieht eine abgestufte Haftung der angesprochenen Provider vor. Je näher ein Dienstanbieter mit den jeweiligen Inhalten in Kontakt steht, desto größer ist der Umfang seiner Verantwortlichkeit.[40] Während Provider, die eigene Informationen zur Nutzung bereithalten (Content-Provider), gem. § 7 Abs. 1 TMG einer vollen Verantwortlichkeit unterliegen, entfällt die Verantwortlichkeit von Host-Providern nur unter den engen Voraussetzungen des § 10 S. 1 TMG. Demgegenüber sind Provider, die auf rein technischer Ebene Datenübertragungen ermöglichen (Access-, Net-

36 MüKo StGB/*Altenhain*, Vorbemerkung zu den §§ 7 ff. TMG, Rn. 2; *Hoffmann*, in: *Spindler/Schuster*, Recht der elektronischen Medien, §§ 7 ff. TMG, Rn. 15.

37 *Freytag*, Harmonisierung der Providerhaftung, in: *Lehmann* (Hg.), Electronic Business in Europa, S. 110 – 130 (117).

38 Ebd., S. 119.

39 *Hilgendorf/Valerius*, Computer- und Internetstrafrecht, 2. Auflage 2012, Rn. 179 ff.

40 BeckOK StGB/*Valerius*, Lexikon des Strafrechts, Providerhaftung, Rn. 15; *Hilgendorf/Valerius*, Computer- und Internetstrafrecht, Rn. 193 ff.

work- und Caching-Provider), im Grundsatz nicht verantwortlich. Die Vorschriften zur Providerhaftung haben eine Filterfunktion, sodass vor der Frage, ob eine Haftung der Provider nach Zivil- oder Strafrecht besteht, die Verantwortlichkeit nach TMG geprüft werden muss.[41] In § 7 Abs. 2 TMG wird zudem festgestellt, dass Dienstanbieter i.S.v. §§ 8 bis 10 TMG nicht verpflichtet sind, die von ihnen übermittelten oder gespeicherten Informationen zu überwachen oder nach Umständen zu forschen, die auf eine rechtswidrige Tätigkeit hinweisen.

II. Haftung von Providern für Schäden beim Einsatz vernetzter autonomer Systeme

1. Konflikt

Durch die fortschreitende Vernetzung von autonomen Systemen verschiebt sich das Kräfteverhältnis deutlich von den Herstellern in Richtung der beteiligten Dienstanbieter. Provider, die relevante Informationen bereithalten oder den Abruf ermöglichen, profitieren einerseits von der stetig steigenden Inanspruchnahme ihrer Dienste. Andererseits gewinnen sie auch enormen faktischen Einfluss. Der Prozess des Informationsaustausches unterfällt von der Bereithaltung bis zum Empfang der Daten dem Wirkbereich der Provider, während Dritten der Zugriff auf Datenvorgänge verwehrt werden kann. Mit dieser überragenden Stellung geht jedoch auch eine große Verantwortung für bestimmte Risiken einher. Denn gerade die Anbindung von autonomen Fahrzeugen und Maschinen an ein Netzwerk ermöglicht zusätzliche Angriffsflächen für potenzielle Schädiger. Sowohl Übertragungsvorgänge als auch (temporäre) Speicherungsvorgänge, welche die Funktion vernetzter Systeme ermöglichen, können zur Zielscheibe von Attacken werden.

Führen manipulierte Informationen zu einer Fehlfunktion einer Maschine und in der Folge zur Schädigung von Personen und Sachen, haftet in erster Linie der Hersteller des jeweiligen Systems. Beispielsweise unterfallen Schäden, die durch in Produkten verkörperte Informationen verursacht werden, dem ProdHaftG.[42] Als Hersteller des Endprodukts sind die Produzenten derartiger Systeme gem. § 1 ProdHaftG zum Ersatz von gewissen Personen- und Sachschäden verpflichtet. Unberücksichtigt bleibt in diesem

41 BT-Drs. 14/6098, S. 23; BGH GRUR 2004, 74 (75); *Müller-Broich*, TMG, Vor §§ 7-10 TMG Rn. 1.

42 MüKo/*Wagner*, § 2 ProdHaftG Rn. 12.

Fall, dass die Hersteller des Endprodukts auf die Sicherheit der Datenübertragung vom Access- und Network-Provider zur Maschine sowie die ausreichende Abschottung der Speicherumgebungen von Hosting- und Caching-Providern in der Regel überhaupt keinen Einfluss haben. Ebenso ist es denkbar, dass Manipulationen vor dem Gefahrübergang, durch die das System nicht wie vereinbart funktioniert oder sich nicht zur gewöhnlichen Verwendung eignet, Mängelrechte von Käufern oder Bestellern auslösen können.[43]

Die jeweiligen Host-, Caching, Access- und Network-Provider selbst sind hingegen gem. §§ 7 ff. TMG unter bestimmten Voraussetzungen für Schäden, welche durch fremde Daten in ihrem Machtbereich verursacht werden, zivilrechtlich nicht verantwortlich.[44] Kann der Geschädigte beispielsweise nicht darlegen, dass ein Hosting-Provider, der relevante Informationen für die Funktionsweise eines autonomen Fahrzeuges bereithält, von der Einbringung rechtswidriger Daten positive Kenntnis hat, besteht auch kein Anspruch gegen diesen. Dass der Provider hiervon im Einzelfall Kenntnis haben musste, ist dabei irrelevant.[45] Die Haftungsprivilegierungen gelten grundsätzlich selbst dann, wenn sich Dritte rechtswidrig Zugriff auf die Speicherorte und Übertragungswege der Provider verschaffen, um Daten zu manipulieren oder schädigende Daten einzuspeisen.

Die vor allem mit Blick auf den reibungslosen elektronischen Geschäftsverkehr zunächst rechtspolitisch sinnvollen Privilegierungen der §§ 7 ff. TMG können folglich dazu führen, dass selbst Provider mit unzureichenden Sicherheitsvorkehrungen von jeglicher Haftung freigestellt werden, obwohl sie ein besonders einfaches Ziel für Schädiger darstellen.

Hinzu kommt, dass potenzielle Schädiger theoretisch von jedem Ort der Welt aus agieren können und deshalb kaum adäquat zu ermitteln sind. Dies würde bedeuten, dass bei einem bisher noch nie dagewesenem Umfang an drohenden Schäden entweder niemand in Anspruch genommen werden kann oder die Hersteller vernetzter Systeme mit Forderungen konfrontiert werden, welche sie nicht durchreichen können. Dies ist weder sach- noch

43 Vgl. auch allgemein zu Haftungsfragen *Hötitzsch*, Industrie 4.0 – Rechtliche Perspektiven der Smart Factory, http://www.heise.de/tp/artikel/41/41888/1.html; *ders.*, Juristische Herausforderungen im Kontext von Industrie 4.0 – Benötigt die vierte industrielle Revolution einen neuen Rechtsrahmen?, in: *Hilgendorf/Hötitzsch* (Hg.), Das Recht vor den Herausforderungen der modernen Technik, 2015 (Robotik und Recht Band 4), S. 71 – 90.

44 Ausführlich zum abgestuften Modell der Providerhaftung *Hilgendorf/Valerius*, Computer- und Internetstrafrecht, Rn. 193 ff.

45 BGH, MMR 2004, S. 166 (167); *Hoeren, in: Hoeren/Sieber/Holznagel*, Handbuch Multimedia-Recht, 39. Auflage 2014, Teil 18, Rn. 126.

interessengerecht. Es wäre in diesen Fällen unangemessen, den Herstellern der Systeme die vollen Risiken von Schäden aufzubürden, welche durch einen von ihnen nicht zu verhindernden Zugriff auf Daten verursacht werden, während die Tätigkeit derjenigen Akteure, welche einen maßgeblichen Einfluss auf die Daten, Datenströme und deren Sicherheit haben, zwar immer reger in Anspruch genommen wird, diese jedoch aufgrund genereller Haftungsprivilegierungen weiterhin nicht belangt werden können. Im Zeitalter vernetzter Systeme erscheint das geltende Recht daher nicht in der Lage, die widerstreitenden Interessen angemessen auszugleichen.

2. Lösung

Bei der Gestaltung der heutigen Fassung des TMG spielten Erwägungen der vollkommenen Vernetzung von Maschinen keine prägende Rolle. Gemäß Erwägungsgrund 1 der Richtlinie 2000/31/EG, welche Grundlage für die Haftungsprivilegierung des TMG ist, war die Weiterentwicklung von Diensten der Informationsgesellschaft beabsichtigt. Aus den Erwägungsgründen 2 und 5 ergibt sich, dass die Förderung des elektronischen Geschäftsverkehrs unter Berücksichtigung des freien Dienstleistungsverkehrs angestrebt wird. Diejenigen Anbieter, die lediglich in einer dienenden Funktion auftreten, aber gleichzeitig den elektronischen Geschäftsverkehr durch das Anbieten ihrer Dienste ermöglichen, sollen daher nur unter engen Voraussetzungen für etwaige Schäden haften. Die Formulierungen der Richtlinie 2000/31/EG passen demgemäß – mit Blick auf den derzeitigen Stand der Technik – eher auf simplere Sachverhalte, bei welchen Daten in irgendeiner Form übertragen oder bereitgehalten werden, ohne dass die empfangende Stelle vollends in die Abhängigkeit des Providers gerät. Sind etwa der Personen- und Güterverkehr oder die industrielle Produktion für einen reibungslosen Betrieb maßgeblich auf den Empfang von Daten aus einem Netz angewiesen, müssen die Hersteller der Maschinen einen großen Teil ihrer Einflussmöglichkeiten an die jeweiligen Provider abgeben. Gerade auf diese besondere Sachlage hat das derzeitige Haftungsregime keine ausreichenden Antworten parat.

Um einen angemessenen Ausgleich widerstreitender Interessen von Herstellern und Providern zu ermöglichen, ist daher bei vernetzten Systemen, mit Blick auf die überragende Stellung der Provider und der Abhängigkeit der Hersteller, zu fordern, dass die Haftungsprivilegien unter eine zusätzliche Prämisse gestellt werden. Die Privilegierungen für Host-, Caching, Access- und Network-Provider sollten nur dann eingreifen, wenn die Provider ihrerseits taugliche technische Sicherungsmaßnahmen vorgenommen haben, um Dritten den unbefugten Zugang zu Daten und dem Datenfluss zu vernetzten Systemen zu verwehren. Unter Berücksichtigung des kontinuierlichen technischen Fortschritts wäre zur Verhinderung von Schwachstellen ferner zu normieren, dass die Sicherungsmaßnahmen auf einem aktuellen Stand gehalten und in regelmäßigen Abständen kontrolliert werden müssen. Können Provider diese Anforderungen nebst den weiteren Voraussetzungen der jeweiligen Privilegierung erfüllen, so haften sie nicht für durchgeleitete oder bereitgehaltene Daten welche durch Einfluss auf das Empfängersystem etwa zu Sach- und Personenschäden führen.

Der insoweit klare Wortlaut der §§ 7 ff. TMG und Art. 12 bis 14 der E-Commerce Richtlinie lässt allerdings keinen Spielraum für eine derartige einschränkende Auslegung. Um das Erfordernis technischer Sicherungsmaßnahmen als zusätzliche Voraussetzung der Haftungsprivilegierungen festzuschreiben, müssten deshalb die §§ 7 ff. TMG geändert werden.

Hierbei stellt sich jedoch die Frage, ob eine gesetzliche Einschränkung der Vorschriften zur Verantwortlichkeit von Providern überhaupt zulässig ist. Art. 15 der E-Commerce Richtlinie und § 7 Abs. 2 S. 1 TMG stellen klar, dass die jeweiligen Provider nicht verpflichtet sind, die übermittelten oder gespeicherten Informationen pauschal zu überwachen oder aktiv nach Umständen zu forschen, die auf eine rechtswidrige Tätigkeit hinweisen. Gemäß Erwägungsgrund 47 der E-Commerce Richtlinie ist die Auferlegung allgemeiner Überwachungspflichten für Provider unzulässig. Eine zusätzliche Voraussetzung dergestalt, dass Provider nur dann privilegiert sind, wenn sie ausreichende technische Sicherungsmaßnahmen vorweisen können, zielt allerdings gerade nicht auf derartige Überwachungspflichten ab. Vielmehr bezweckt eine solche Prämisse die Eindämmung der Risiken eines unbefugten Zugriffs auf Übertragungsvorgänge und Speichergeräte. Es geht damit nicht um die Kontrolle des Inhalts von Daten im Machtbereich der Provider, sondern um die Verhinderung eines Drittzugriffs.

Zwar sind die in Artt. 12 bis 14 der E-Commerce Richtlinie geregelten Haftungsvorschriften Gegenstand einer Vollharmonisierung[46], weshalb die Mitgliedstaaten gehindert sind, Maßnahmen zu treffen welche die Vorschriften mit Blick auf den geregelten Bereich abmildern oder verschärfen. Unter diesen geregelten Bereich fallen jedoch nicht zusätzliche Anforderungen an technische Sicherungsmaßnahmen. Gegenstand der Regelungen

46 *Tettenborn/Bender/Lübben/Karenfort*, BB Beilage 10/2001, 27; *Hoffmann*, in: *Spindler/Schuster*, Recht der elektronischen Medien, Vorbemerkung § 7 – § 10 TMG, Rn. 21.

ist nämlich immer das Verhältnis des Providers zu den Daten, also beispielsweise ob diese für ihn fremd sind, er von ihrer Rechtswidrigkeit Kenntnis hat oder Daten von ihm gelöscht wurden. Auch das Verbot einer allgemeinen Überwachungspflicht zielt auf die Frage nach der Rechtmäßigkeit der Daten selbst ab. Hinter den harmonisierten Privilegierungen steht die Überlegung, dass Dienstanbieter den hohen Umfang der Daten, welche sie bereithalten oder durchleiten, nicht effektiv kontrollieren können.[47] Es soll verhindert werden, dass das Geschäftsmodell von Dienstanbietern die sich einem hohen Datenvolumen gegenübersehen, erheblich gefährdet bzw. unverhältnismäßig erschwert wird.[48] Zusätzliche Anforderungen an technische Sicherungsmaßnahmen betreffen hingegen eine vorgelagerte Ebene, da überhaupt verhindert werden soll, dass ein unbefugter Umgang mit Daten erfolgt. Gerade mit Blick auf die widerstreitenden Interessen der Hersteller, die Unversehrtheit von Leib und Leben anderer Personen sowie auf die Gefährdung von Rechtsgütern der Allgemeinheit, ist der Gesetzgeber daher auch nicht daran gehindert, die Privilegierungen des TMG mit der Maßgabe adäquater Sicherungsmaßnahmen zu verknüpfen. Um die Provider jedoch nicht über Gebühr zu belasten, sollten die Anforderungen an ausreichende technische Sicherungsmaßnahmen nur im Bereich von autonomen Systemen einschlägig sein.

Eine derartige Änderung des TMG würde im Ergebnis auch nicht in den Anwendungsbereich der Notifizierungsrichtlinien fallen. Die Mitgliedstaaten werden gemäß den Richtlinien 98/34/EG und 98/48/EG verpflichtet, der Kommission Entwürfe von technischen Vorschriften für Dienste der Informationsgesellschaft mitzuteilen, bevor diese in nationales Recht umgesetzt werden. Fehlt es an einer Notifizierung, wären solche Vorschriften unanwendbar. Die Anpassung der Haftungsvorschriften für Provider sind jedoch gerade nicht als technische Vorschriften im engeren Sinn zu verstehen, da Diensteanbietern nicht verpflichtet werden, im Rahmen ihrer Dienste für ausreichende Sicherungsmaßnahmen zu sorgen. Vielmehr geht es vorliegend um eine klar beschränkte Modifizierung der Haftungsvorschriften ohne Bindung der Provider.

In Anbetracht der vorangestellten Erwägungen könnten die Vorschriften des TMG folgendermaßen ergänzt werden:

Aufgenommen werden sollte zunächst eine Definition des Begriffs des autonomen Systems. Als solches käme etwa jedes System in Betracht, das im Einzelfall nicht von einem Menschen abhängt und welches ohne

47 *Tettenborn/Bender/Lübben/Karenfort*, BB Beilage 10/2001, 26.

48 BGH NJW 2008, S. 758 (762) – Jugendgefährdende Medien bei eBay; BeckOK IuMR/*Gersdorf/Pal*, § 7 TMG Rn. 50.

menschliche Eingabe intelligent reagieren kann. Des Weiteren sollte in den §§ 8, 9 und 10 TMG klargestellt werden, dass die jeweiligen Privilegierungen im Zusammenhang mit autonomen Systemen nur dann Anwendung finden, wenn die betreffenden Dienstanbieter Maßnahmen getroffen haben, die beispielsweise geeignet sind zu gewährleisten, dass Unbefugte keinen Zugang zu deren Datenverarbeitungssystemen und Übermittlungswegen erlangen und Informationen während ihres Transports oder ihrer Speicherung nicht unbefugt gelesen, kopiert, verändert oder entfernt werden können.[49]

Ohne eine entsprechende Anpassung des geltenden Rechts würde die Entwicklung von vernetzten autonomen Systemen und deren wirtschaftliches Potenzial empfindlich tangiert. Zudem würde es an Anreizen fehlen, in dringend nötige technische Vorkehrungen zum Schutze Dritter zu investieren. Durch eine zusätzliche Prämisse für die bestehenden Haftungsprivilegierungen müssten die Hersteller vernetzter autonomer Systeme sicherstellen, dass entweder ausreichende Sicherungsmaßnahmen bei den in Anspruch genommenen Dienstanbietern vorhanden sind, um Manipulationen zu verhindern oder dass jedenfalls bei den jeweiligen Providern eine potenzielle Regressmöglichkeit besteht. Auch das Vertrauen der Nutzer in vernetzte Systeme würde durch die Berücksichtigung von Aspekten der technischen und rechtlichen Sicherheit maßgeblich gestärkt.

Für den Nachweis, ob ausreichende technische Maßnahmen zur Absicherung der Speicherumgebungen und Übertragungswege getroffen wurden, sollte es den Providern allerdings möglich sein, Prüfberichte unabhängiger Zertifizierungsstellen vorzulegen. So könnten die Sicherheit und Leichtigkeit des Geschäftsverkehrs beibehalten und die Interessen der Provider ausreichend gewahrt werden.

III. Strafrechtliche Verantwortlichkeit von Access-Providern bei vernetzten autonomen Systemen

Weiterhin stellt sich die Frage nach der strafrechtlichen Verantwortlichkeit von Access-Providern, die einen Anteil an der Funktion vernetzter autonomer Systeme haben. Während im »offline«-Bereich immer dann unstrittig eine Strafbarkeit wegen Beihilfe durch Unterlassen angenommen werden

49 Hierbei bietet sich ein Blick in die Sicherheits- und Schutzanforderungen der Anlage zu § 9 BDSG an, welche, ähnlich dem vorliegenden Fall, dem Schutz individueller Rechte im Bereich der Datenverarbeitung dienen.

kann, wenn sehenden Auges und trotz einer Garantenstellung die Verwirklichung eines Straftatbestandes durch den Schädiger gefördert wird, soll dies nach einer weit verbreiteten Ansicht für Access-Provider nicht gelten.[50] Die Vertreter dieser Auffassung argumentieren, es fehle an einer ausdrücklichen Einschränkung des § 8 Abs. 1 TMG welche besagt, dass die Kenntnis von der Rechtswidrigkeit der Inhalte einer Privilegierungswirkung entgegenstünde. Bei einer wortlautgetreuen Auslegung der Haftungsvorschriften seien Access-Provider für Handlungen mit fremden Daten selbst dann nicht verantwortlich, wenn sie vom Schädigungspotenzial der betreffenden Daten Kenntnis haben und dennoch untätig bleiben.

Dies würde bedeuten, dass ein Access-Provider, der vernetzten autonomen Systemen den Zugang zu schädigenden Informationen vermittelt, trotz einer Weigerung den Zugang zu sperren, straffrei bliebe und zwar selbst dann, wenn er ausdrücklich – etwa von Herstellern oder Nutzern des Systems – auf die Rechtswidrigkeit der Daten aufmerksam gemacht worden ist. Eine strafrechtliche Haftung wäre damit nur bei einem kollusiven Verhalten zusammen mit dem Nutzer gem. § 8 Abs. 1 S. 2 TMG möglich.

Eine solche Auslegung vermag nicht zu überzeugen. Zwar erfasst die Haftungsprivilegierung des § 8 Abs. 1 TMG nicht nur die zivilrechtliche sondern auch die strafrechtliche Verantwortlichkeit.[51] § 7 Abs. 2 S. 2 TMG betont jedoch, dass etwaige Verpflichtungen zur Entfernung oder Sperrung der Nutzung von Informationen nach den allgemeinen Gesetzen selbst dann unberührt bleiben, wenn die Verantwortlichkeit der Provider entfällt. Auch die Vorschriften des Strafrechts stellen solche allgemeinen Gesetze dar.

Sofern dem Access-Provider also eine Garantenpflicht zukommt, er die betreffenden Daten jedoch nicht sperrt, überlagert § 7 Abs. 2 S. 2 TMG als lex specialis die Vorschrift des § 8 Abs. 1 TMG.[52] Eine Garantenpflicht kann etwa durch vertragliche Absprachen mit Kunden oder aufgrund hoheitlicher Sperrverfügungen entstehen.[53] Diese Erkenntnis ergibt sich auch aus Erwägungsgrund 42 der Richtlinie 2000/31/EG, der den Anwendungsbereich der Privilegierungen nur in solchen Fällen für eröffnet erklärt, in

50 MüKo StGB/*Hörnle*, § 184, Rn. 49; *Paul*, Primärrechtliche Regelungen zur Verantwortlichkeit von Internetprovidern aus strafrechtlicher Sicht, S. 218 f.; *Fischer*, StGB, § 184, Rn. 29; Schönke/Schröder/*Perron/Eisele*, § 184, Rn. 59.

51 MüKo StGB/*Altenhain*, Vorbemerkung zu den §§ 7 ff. TMG, Rn. 2; *Hoffmann*, in: *Spindler/Schuster*, Recht der elektronischen Medien, §§ 7 ff. TMG, Rn. 15.

52 *Hilgendorf/Valerius*, Computer- und Internetstrafrecht, Rn. 217 ff.

53 *Hilgendorf/Valerius*, Computer- und Internetstrafrecht, Rn. 217 ff.; a.A. ohne Begründung MüKo StGB/*Hörnle*, § 184, Rn. 49.

denen sich der Provider nur auf die Durchleitung von Informationen beschränkt und ansonsten passiv bleibt, ohne Kenntnis oder Kontrolle über die durchgeleiteten Informationen zu haben. Dies bedeutet im Umkehrschluss, dass Provider die trotz Garantenpflicht und Kenntnis vom Schädigungspotenzial durchgeleiteter Daten den Zugang zu den Daten vorsätzlich nicht versperren, obwohl sie dazu in der Lage sind, nicht in den Genuss der Privilegierung kommen können.[54] Es geht damit nämlich nicht mehr um eine allgemeine Kontrollpflicht, wie sie die Richtlinie 2000/31/EG verhindern möchte[55]. Eine solche Auslegung gebietet zudem bereits das schiere Schädigungspotenzial eingeschleuster oder veränderter Informationen. Wie dargestellt können diese gravierende negative Auswirkungen auf vernetzte autonome Systeme haben. Mit Blick auf die möglicherweise großflächige Gefährdung überragender Rechtsgüter entspricht es nicht mehr dem schützenswerten Interesse von Access-Providern, von jeglicher strafrechtlicher Verantwortlichkeit freigestellt zu werden. Durch die Weigerung, trotz einer Garantenstellung Schädigungen durch rechtswidrige Daten Einhalt zu gebieten, begibt sich der Access-Provider auf eine rechtlich missbilligenswerte Ebene. Wem es tatsächlich möglich ist, die Schädigung von Rechtsgütern einer Vielzahl von Personen zu verhindern, soll auch im digitalen Zeitalter gehalten sein, zur Abwendung solcher Schädigungen tätig zu werden. Zum effektiven Schutz überragend wichtiger Rechtsgüter der Allgemeinheit muss das Rechtssystem auch derartige Verhaltensweisen pönalisieren. Es ist nicht ersichtlich, weshalb eine Privilegierung eintreten soll, wenn die Gefährlichkeit von Informationen, die Gegenstand eines Providerdienstes sind, offensichtlich ist. In solchen Fällen kann ein Access-Provider nicht anders behandelt werden als ein Postzusteller, der positive Kenntnis davon hat, dass er im Begriff ist, eine Briefbombe an einen Empfänger zu übergeben und dennoch nicht davon Abstand nimmt.

De lege lata ist das Strafrecht damit für solche Access-Provider anwendbar, die trotz Kenntnis von rechtswidrigen Inhalten untätig bleiben, sofern auch die weiteren Voraussetzungen der Strafbarkeit erfüllt sind.[56]

54 *Hilgendorf/Valerius*, Computer- und Internetstrafrecht, Rn. 217 ff.

55 *Tettenborn/Bender/Lübben/Karenfort*, BB Beilage 10/2001, S. 26.

56 *Hilgendorf*, K&R 2011, 232 f.; *Hilgendorf/Valerius*, Computer- und Internetstrafrecht, Rn. 217 ff.

D. Ergebnis

Vernetzte Systeme versprechen im Alltag und für die industrielle Produktion zahlreiche Vorteile. Gesteigerte Effizienz, Kosteneinsparungen und Komfort sind nur einige von vielen Faktoren, die den Einsatz solcher Systeme attraktiv machen. Je mehr vernetzte Systeme allerdings zum Einsatz kommen und je mehr diese nicht mehr nur auf eine lokale, sondern eine standortübergreifende Vernetzung angewiesen sind, desto stärker steigt auch das Risiko von schädigenden Eingriffen von außen. Vor allem dann, wenn Daten von Providern bezogen werden, die diese entweder zum Abruf bereithalten oder den Abrufprozess ermöglichen, können die jeweiligen Architekturen zu Zielscheiben von Angriffen werden, die sich unmittelbar auch auf die vernetzten Systeme auswirken können. Da jedoch Host-, Caching-, Access- und Network-Provider oftmals durch Vorschriften des TMG privilegiert sind, bestehen für diese nur wenige Anreize, ausreichende Sicherheitsvorkehrungen zu treffen, die tiefgreifende Schäden effektiv verhindern könnten. Dies ist mit Blick auf die überragende Stellung der Dienstanbieter unsachgemäß. Solche Provider profitieren maßgeblich von einem erhöhten Datenfluss und den erhöhten Datenmengen, werden jedoch ohne weitere Einschränkung durch die Vorschriften zur Providerhaftung privilegiert, ungeachtet der Tatsache, dass sie einen großen Beitrag zum Schutze überragend wichtiger Rechtsgüter leisten könnten. Daher ist zu fordern, dass die §§ 8, 9 und 10 TMG unter die zusätzliche Prämisse gestellt werden, dass die jeweiligen Dienstanbieter geeignete Maßnahmen zu treffen haben, welche den unbefugten Zugang zu Datenverarbeitungssystemen und Übermittlungsvorgängen verhindern. Damit könnte das Vertrauen in vernetzte Systeme und deren Akzeptanz gestärkt, die Interessen der Hersteller angemessen berücksichtigt und die Beeinträchtigung der Nutzer und anderer Betroffener effektiv eingedämmt werden.

Zudem ist festzuhalten, dass nach geltendem Recht diejenigen Access-Provider die den Zugang zu rechtswidrigen Daten vermitteln, trotz der Vorschrift des § 8 Abs. 1 TMG, unter gewissen Umständen nicht von der strafrechtlichen Verantwortung freigestellt sind. Eine Strafbarkeit kommt nämlich dann in Betracht, wenn Access-Provider trotz positiver Kenntnis von der Rechtswidrigkeit der Daten und dem Vorliegen der weiteren Voraussetzungen der Strafbarkeit – insbesondere einer etwaigen Garantenstellung und der Möglichkeit zur Handlung – den Zugang zu den schädigenden Daten nicht sperren. In diesen Fällen ist eine strafbare Tatverwirklichung im Rahmen einer Beihilfe durch Unterlassen denkbar.

Autonomen Systemen gehört die Zukunft. Ihre Etablierung muss jedoch auch mit der nötigen Rechtssicherheit einhergehen. Diesem Zweck soll der vorliegende Beitrag dienen

Literaturverzeichnis

Albrecht, Frank, Fahrerassistenzsysteme zur Geschwindigkeitsbeeinflussung, DAR 2005, 186 – 198

ders., »Fährt der Fahrer oder das System?« – Anmerkungen aus rechtlicher Sicht, SVR 2005, 373 – 376

ders., Fahrerassistenzsysteme und rechtliche Rahmenbedingungen, VD 2006, 143 – 150

Ammoser, Hendrik, Das Buch vom Verkehr. Die faszinierende Welt von Mobilität und Logistik, 2014

Bauer, C.O., Notwendiges Wissen vom Recht für Prüfingenieure, ZfP-Zeitung, Ausgaben 66 bis 68, 1999, http://www.ndt.net/article/dgzfp/dach66/bauer/bauer.htm (zuletzt abgerufen am 10.11.2014)

Beck, Susanne, Über Sinn und Unsinn von Statusfragen. Zu Vor- und Nachteilen der Einführung einer elektronischen Person, in: *Hilgendorf/Günther* (Hg.), Robotik und Gesetzgebung. Beiträge der Tagung vom 7. bis 9. Mai 2012 in Bielefeld, 2013 (Robotik und Recht, Band 2), S. 239 – 260

Berz, Ulrich/Dedy, Eva/Granich, Claudia, Haftungsfragen bei dem Einsatz von Telematiksystemen im Straßenverkehr, DAR 2000, 545 – 554

Bewersdorf, Cornelia, Zur Vereinbarkeit von nicht-übersteuerbaren Fahrerassistenzsystemen mit dem Wiener Übereinkommen über den Straßenverkehr vom 8. November 1968, NZV 2003, 266 – 271

dies., Zulassung und Haftung bei Fahrerassistenzsystemen im Straßenverkehr, Berlin, 2005

Brenner, Michael/Schmidt-Cotta, Ralf-Roland, Der Einsatz von Unfalldatenspeichern unter dem Brennglas des Europarechts, SVR 2008, 41 – 49

Calliess, Christian/Ruffert, Matthias, EUV/AEUV, München, 4. Auflage 2011

Christoph, Hammer, Zur Obligatorischen Einführung von Unfalldatenspeichern / Event Data Recordern bei Pkw-Neuzulassungen, RAW 2014, 35 – 46

Di Fabio, Udo, Risikoentscheidungen im Rechtsstaat, 1994

Engel-Flechsig, Stefan/Frithjof, Maennel/Tettenborn, Alexander, Neue Gesetzliche Regelungen für Multimedia, 1997

Feyock, Hans/Jacobsen, Peter/Lemor, Ulf, Kraftfahrtversicherung, 3. Auflage 2009

Fischer, Thomas, Strafgesetzbuch mit Nebengesetzen (Beck`sche Kurz-Kommentare; Band 10), 61. Auflage 2014

Foerste, Ulrich/Graf von Westphalen, Friedrich, Produkthaftungshandbuch, 3. Auflage 2012

Freytag, Stefan, Harmonisierung der Providerhaftung, in: Lehmann, Electronic Business in Europa, S. 110 – 130

Frenz, Walter/Casimir van den Broek, Erika, Völkerrechtliche Zulässigkeit von Fahrerassistenzsystemen, NZV 2009, 529 – 534

Gasser, Tom, Rechtliche Aspekte bei der Einführung von Fahrerassistenz- und Fahrerinformationssystemen, VKU 2009, 224 – 231 *ders. et al.*, Rechtsfolgen zunehmender Fahrzeugautomatisierung, Gemeinsamer Schlussbericht der Projektgruppe, 2012 (Berichte der Bundesanstalt für Straßenwesen, Fahrzeugtechnik, Heft F 83)

Gersdorf, Hubertus/Pal, Boris P. (Hg.), Beck'scher Online-Kommentar Informations- und Medienrecht, Stand: 1.8.2014, Edition 5 (zitiert als: BeckOK IuMR)

Grabitz, Eberhard/Hilf, Meinhard/Nettesheim, Martin, Das Recht der Europäischen Union, München, 53. Ergänzungslieferung 2014

Groschopp, Horst (Hg.), Humanismus und Humanisierung, 2014

Hartmann, Volker/Schmidt, Maike, Auswirkungen von Social Media auf die Produktbeobachtungspflicht eines Warenherstellers, BB-Sonderausgabe Recht-Automobil-Wirtschaft (RAW) 2013, 37 – 44

Häußling, Roger, Techniksoziologie, 2014

v. Heintschel-Heinegg, Bernd (Hg.), Beck'scher Online-Kommentar StGB, Stand: 01.07.2014, Edition: 24 (zitiert als: BeckOK StGB)

Hentschel, Peter/König, Peter/Dauer, Peter, Straßenverkehrsrecht, 42. Auflage 2013

Herdegen, Matthias, Völkerrecht, München, 13. Auflage 2014

Hilgendorf, Eric, Strafrechtliche Produzentenhaftung in der »Risikogesellschaft«, 1993

ders., Strafrechtliche Anforderungen an den Jugendmedienschutz im Internet, K&R 2011, 229 – 234

ders., Die strafrechtliche Regulierung des Internet als Aufgabe eines modernen Technikrechts, JZ 2012, 825 – 832

ders., Problemfelder der Menschenwürdedebatte in Deutschland und Europa und die Ensembletheorie der Menschenwürde, Zeitschrift für evangelische Ethik, 2013 (Band 57), 258 – 271

ders., Autonome Autos - Wer haftet für Roboter?, 21.07.2014, abrufbar unter http://www.lto.de/recht/hintergruende/h/autonome-autos-google-car-haftung-verkehrsrecht

ders., Humanismus und Recht – Humanistisches Recht? Eine erste Orientierung, in: *Groschopp* (Hg.), Humanismus und Humanisierung, 2014, S. 36 – 56

ders., Recht und autonome Maschinen, in: *ders./Hötitzsch* (Hg.), Das Recht vor den Herausforderungen der modernen Technik. Beiträge der ersten Würzburger Tagung zum Technikrecht, 2015 (Robotik und Recht Band 4), S. 11 – 38

ders. (Hg.), Robotik im Kontext von Recht und Moral (Robotik und Recht Band 3), 2014

ders./Günther, Jan-Philipp (Hg.), Robotik und Gesetzgebung. Beiträge der Tagung vom 7. bis 9. Mai 2012 in Bielefeld, 2013 (Robotik und Recht Band 2)

ders./Hötitzsch, Sven (Hg.), Das Recht vor den Herausforderungen der modernen Technik. Beiträge der ersten Würzburger Tagung zum Technikrecht, 2015 (Robotik und Recht Band 4)

ders./Valerius, Brian, Computer- und Internetstrafrecht, 2. Auflage 2012

Hoeren, Thomas/Sieber, Ulrich/Holznagel, Bernd, Handbuch Multimedia-Recht, 39. Auflage 2014

Hötitzsch, Sven, Industrie 4.0 – Rechtliche Perspektiven der Smart Factory, Onlinepublikation bei Telepolis/Heise Verlag, Juli 2014, abrufbar unter: http://www.heise.de/tp/artikel/41/41888/1.html

ders., Juristische Herausforderungen im Kontext von Industrie 4.0 – Benötigt die vierte industrielle Revolution einen neuen Rechtsrahmen?, in: *Hilgendorf/Hötitzsch* (Hg.), Das Recht vor den Herausforderungen der modernen Technik, 2015 (Robotik und Recht Band 4), S. 71 – 90

ders./May, Katharina, Rechtliche Problemfelder beim Einsatz automatisierter Systeme im Straßenverkehr, in: *Hilgendorf* (Hg.), Robotik im Kontext von Recht und Moral, 2014 (Robotik und Recht Band 3), S. 189 – 210

Hynd, David/McCarthy, Mike, Study on the benefits resulting from the installation of Event Data Recorders, Final Report, Prepared for: European Commission, DG MOVE, Project Ref: MOVE/C4/SER/2013-200/SI2.663647, 2014, abrufbar unter: http://ec.europa.eu/transport/road_safety/pdf/vehicles/study_edr_2014.pdf

Joecks, Wolfgang/Miebach, Klaus (Hg.), Münchener Kommentar zum Strafgesetzbuch, Band 6/1, 2010 (zitiert als: MüKo StGB)

Kaczorowski, Willi, Die smarte Stadt – den digitalen Wandel intelligent gestalten, 2014

Kempen, Bernhard, Fahrerassistenzsysteme und das Wiener Übereinkommen über den Straßenverkehr, Präsentation im Rahmen des Aktiv-Projekt »Aktive Sicherheit«, 15.3.2007, abrufbar unter: http://www.aktiv-online.org/deutsch/Downloads/ 2007-03-15-BASt-Workshop/Praes-02-W-334-StV-Prof-Kempen.pdf

ders., Fahrerassistenz und Wiener Weltabkommen, Präsentation im Rahmen des 3. Sachverständigentags 2008, abrufbar unter: http://www.sachverstaendigentag21.de/svt2008/downloads/2._Vertrag_-_Prof._Kempen_-_Praesentation.pdf

Knappmann, Ulrich, Gefahrerhöhungen in der Kraftfahrtversicherung, VVR 2014, 44 – 47

Köhler, Thomas/Wollschläger, Dirk, Die digitale Transformation des Automobils, 2014

König, Johann-Günther, Die Geschichte des Automobils, 2010

Kucklick, Christopher, Die granulare Gesellschaft. Wie das Digitale unsere Wirklichkeit auflöst, 2014

Laglstorfer, René, Die Zukunft des intelligenten Automobils, 2013

Lang, Thomas, Eine kurze Geschichte des Automobils, 2013

Lehmann, Michael (Hg.), Electronic Business in Europa, 2002

Looschelders, Dirk/Pohlmann, Petra (Hg.), VVG, 2. Auflage 2011

Lutz, Lennart S., Anforderungen an Fahrerassistenzsysteme nach dem Wiener Übereinkommen über den Straßenverkehr, NZV 2014, 67 – 72

ders., Die bevorstehende Änderung des Wiener Übereinkommens über den Straßenverkehr: Eine Hürde auf dem Weg zu (teil-) autonomen Fahrzeugen ist genommen!, DAR 2014, 446 – 450

ders., Rechtliche Herausforderungen auf dem Weg zu vollautomatisierten Fahrzeugen, Tagungsband 30. VDI/VW Gemeinschaftstagung, VDI-Berichte 2223, 2014, S. 301 – 314 *ders.*, Anforderungen an Fahrerassistenzsysteme nach überstaatlichem Recht, in: *Hilgendorf/Hötitzsch* (Hg.), Das Recht vor den Herausforderungen der modernen Technik, 2015 (Robotik und Recht Band 4), S. 159 – 194

ders., Autonome Fahrzeuge als rechtliche Herausforderung, NJW 2015, 119 – 124

ders./Tang, Tito/Lienkamp, Markus, Die rechtliche Situation von teleoperierten und autonomen Fahrzeugen, NZV 2013, 57 – 63

Maurer, Markus/Gerdes, Christian/Lenz, Barbara/Winner, Hermann, Villa Ladenburg – Autonomes Fahren, 2015, im Erscheinen.

Mayer-Schönberger, Viktor/Cukier, Kenneth (Hg.), Big data. A revolution that will transform how we live, work and think, 2013

Merki, Christoph, Verkehrsgeschichte und Mobilität, 2008

Meyer, Gereon/Beiker, Sven (Hg.), Road Vehicle Automation, 2014

Müller-Broich, Jan, Telemediengesetz, 2012

v. Münch, Ingo/Kunig, Philip (Hg.), Grundgesetzkommentar, 6. Auflage 2012

Oftinger, Karl, Punktationen für eine Konfrontation der Technik mit dem Recht, in: Die Rechtsordnung im technischen Zeitalter. Festschrift der Rechts- und Staatswissenschaftlichen Fakultät der Universität Zürich zum Zentenarium des Schweizerischen Juristenvereins 1861 – 1961, 1961, S. 1 – 34

Paul, Tobias, Primärrechtliche Regelungen zur Verantwortlichkeit von Internetprovidern aus strafrechtlicher Sicht, 2005

Petersen, Erwin/Ahlgrimm, Jörg, Nutzen/Kosten-Analyse des obligatorischen Einsatzes von Unfalldatenspeichern, Methodik und Ergebnisse, Zeitschrift für Verkehrssicherheit 2014, 101 – 107

Rengeling, Hans-Werner/Middeke, Andreas/Gellermann, Martin, Handbuch des Rechtsschutzes in der Europäischen Union, München, 3. Auflage 2014

Reus, Katharina, Das Recht der Risikogesellschaft. Der Beitrag des Strafrechts zum Schutz vor modernen Produktgefahren, 2010

Ronellenfitsch, Michael, Beschleunigung der Verkehrswegeplanung, in: Deutsche Akademie für Verkehrswissenschaft (Hg.), 30. Deutscher Verkehrsgerichtstag, 1992, S. 258 – 298

ders., Verfassungs- und verwaltungsrechtliche Vorbemerkungen zur Mobilität mit dem Auto, DAR 1994, 7 – 13

ders., Die Verkehrsmobilität als Grund- und Menschenrecht. Betrachtungen zur »zirkulären« Mobilität in der Europäischen Union, in: Jahrbuch des öffentlichen Rechts der Gegenwart, Band 44 (1996), S. 167 – 203

Rubinyi, Kati (Hg.), The Car in 2035. Mobility Planning For The Near Future, 2013

Russwurm, Siegfried, Software: Die Zukunft der Industrie in: *Sendler,* Industrie 4.0, S. 21 – 36

Schmidt-Cotta, Ralf-Roland, VERONICA I: Final Report, 2006, abrufbar unter: http://veronica-project.net

ders. et al., VERONICA II: Final Report, 2009 abrufbar unter: http://veronica-project.net

ders. et al., Unfalldatenspeicher – die Veronica-Projekte 2004-2009, Verkehrsunfall und Fahrzeugtechnik, 2010, 311 – 318

Säcker, Franz/Rixecker, Roland (Hg.), Münchener Kommentar zum Bürgerlichen Gesetzbuch, Band 5, 6. Auflage 2013 (zitiert als: MüKo BGB)

Schmidt-Salzer, Joachim, Entscheidungssammlung Produkthaftung, 1982

Schönke, Adolf/Schröder, Horst, StGB, 29. Auflage 2014

Schreiter, Max, Gehorsam für automatische Farbzeichen, DÖV 1956, 693 – 695

Schuldt, Fabian et al., Effiziente systematische Testgenerierung für Fahrerassistenzsysteme in virtuellen Umgebungen, in: AAET2013 - Automatisierungssysteme, Assistenzsysteme und eingebettete Systeme für Transportmittel

Seeck, Andre/Gasser, Tom, Klassifizierung und Würdigung der rechtlichen Rahmenbedingungen im Zusammenhang mit der Einführung moderner FAS, Vortrag im Rahmen der Tagung »Aktive Sicherheit durch Fahrerassistenzsysteme«, München, 2006, URL: http://www.ftm.mw.tum.de/uploads/media/07g_seeck.pdf

Sendler, Horst, Wundersame Vermehrung von Grundrechten – insbesondere zum Grundrecht auf Mobilität und Autofahren, NJW 1995, 1468 – 1469

Sendler, Ulrich, Industrie 4.0 – Beherrschung der industriellen Komplexität mit SysLM (Systems Lifecycle Management), in: *ders.* (Hg.), Industrie 4.0, 2013, S. 1 – 20

ders. (Hg.), Industrie 4.0, 2013

Siebenpfeiffer, Wolfgang (Hg.), Vernetztes Automobil, 2014

Smith, Bryant Walker, Automated Vehicles are Probably Legal in the United States, 2012, abrufbar unter: http://cyberlaw.stanford.edu/downloads/20121101-AutomatedVehiclesareProbablyLegalInThe US.htm

Spindler, Gerald/Schuster, Fabian (Hg.),Recht der elektronischen Medien, 2. Auflage 2011

Stiefel, Ernst/Maier, Karl, Kraftfahrtversicherung, 18. Auflage 2010

Stümpfle, Matthias/Kohler, Herbert, Die Konnektivität als Kernmerkmal von Premium-Fahrzeugen, in: *Tettenborn/Bender/Lübben/Karenfort,* Rechtsrahmen für den elektronischen Geschäftsverkehr, BB Beilage 10/2001, 1 – 40

Wachenfeld, Walther et al., Use-Cases des autonomen Fahrens, in: *Maurer/Gerdes/Lenz/Winner* (Hg.), Villa Ladenburg - Autonomes Fahren, 2015, im Erscheinen

ders./Winner, Hermann, Die Freigabe des autonomen Fahrens, in: *Maurer/Gerdes/Lenz/Winner* (Hg.), Villa Ladenburg - Autonomes Fahren, 2015, im Erscheinen

Winner, Hermann/Hakuli, Stephan/Wolf, Gabriele, Handbuch Fahrerassistenzsysteme, Wiesbaden, 2. Auflage 2012

Anhang

1. Übersicht über die Fahrzeugautomatisierungsgrade

Summary of Levels of Driving Automation for On-Road Vehicles

This table summarizes SAE International's levels of *driving* automation for on-road vehicles. Information Report J3016 provides full definitions for these levels and for the italicized terms used therein. The levels are descriptive rather than normative and technical rather than legal. Elements indicate minimum rather than maximum capabilities for each level. "System" refers to the driver assistance system, combination of driver assistance systems, or *automated driving system*, as appropriate.

The table also shows how SAE's levels definitively correspond to those developed by the Germany Federal Highway Research Institute (BASt) and approximately correspond to those described by the US National Highway Traffic Safety Administration (NHTSA) in its "Preliminary Statement of Policy Concerning Automated Vehicles" of May 30, 2013.

Level	Name	Narrative definition	Execution of steering and acceleration/ deceleration	Monitoring of driving environment	Fallback performance of *dynamic driving task*	System capability (*driving modes*)	BASt level	NHTSA level
***Human driver* monitors the driving environment**								
0	No Automation	the full-time performance by the *human driver* of all aspects of the *dynamic driving task*, even when enhanced by warning or intervention systems	Human driver	Human driver	Human driver	n/a	Driver only	0
1	Driver Assistance	the *driving mode*-specific execution by a driver assistance system of either steering or acceleration/deceleration using information about the driving environment and with the expectation that the *human driver* perform all remaining aspects of the *dynamic driving task*	Human driver and system	Human driver	Human driver	Some driving modes	Assisted	1
2	Partial Automation	the *driving mode*-specific execution by one or more driver assistance systems of both steering and acceleration/deceleration using information about the driving environment and with the expectation that the *human driver* perform all remaining aspects of the *dynamic driving task*	**System**	Human driver	Human driver	Some driving modes	Partially automated	2
***Automated driving system* ("system") monitors the driving environment**								
3	Conditional Automation	the *driving mode*-specific performance by an *automated driving system* of all aspects of the *dynamic driving task* with the expectation that the *human driver* will respond appropriately to a *request to intervene*	System	**System**	Human driver	Some driving modes	Highly automated	3
4	High Automation	the *driving mode*-specific performance by an *automated driving system* of all aspects of the *dynamic driving task*, even if a *human driver* does not respond appropriately to a *request to intervene*	System	System	**System**	Some driving modes	Fully automated	3/4
5	Full Automation	the full-time performance by an *automated driving system* of all aspects of the *dynamic driving task* under all roadway and environmental conditions that can be managed by a *human driver*	System	System	System	**All driving modes**	-	

Quelle: http://cyberlaw.stanford.edu/files/blogimages/LevelsofDrivingAutomation.png

2. Flow Chart der Automatisierungsgrade

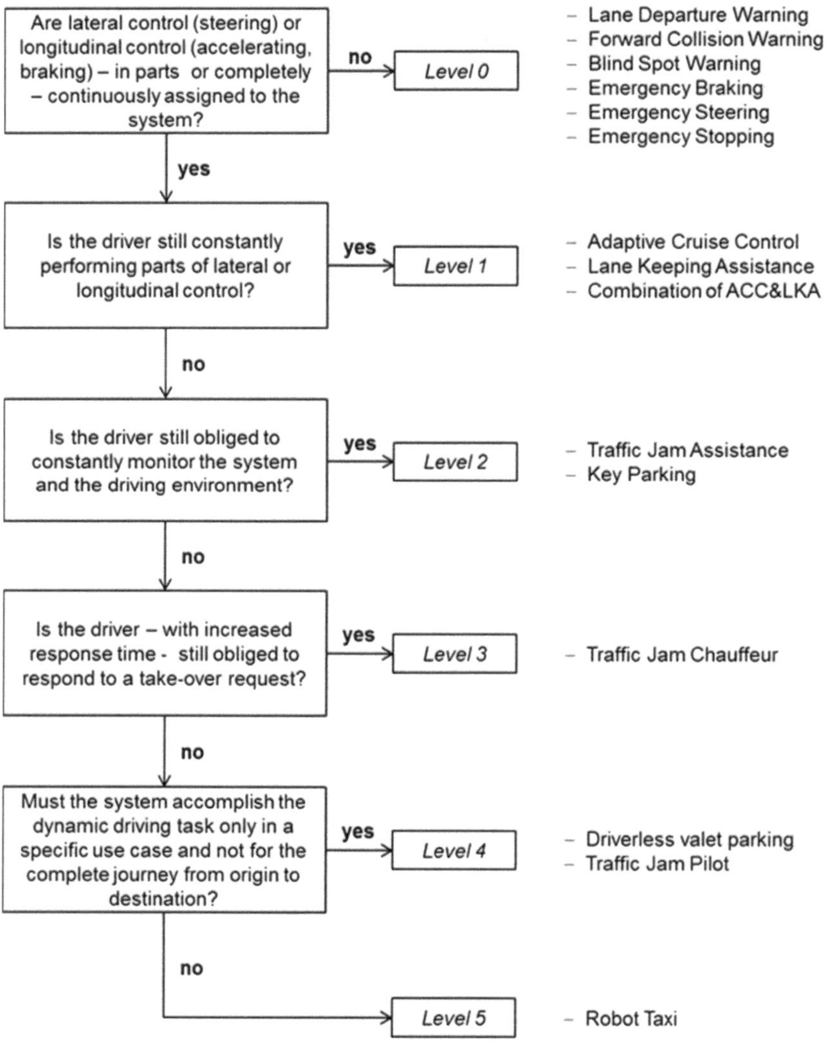

Quelle: Figure 5.1: Overview of terms and categorisation of automated driving and parking functions; AdaptIVe –Deliverable 2.1: System Classification

This work was also supported by the European Commission under AdaptIVe, a large scale integrated project part of the FP7-ICT for Co-operative mobility. The authors would like to thank all partners within AdaptIVe for their cooperation and valuable contribution

3. Entsprechungstabelle der Fahrzeugautomatisierungsgrade

Level	0	1	2	3	4	5
SAE [1] (English)	No Automation	Assisted	Partial Automation	Conditional Automation	High Automation	Full Automation
VDA [2] (English)						
VDA [2] (German)	Driver Only	Assistiert	Teil Automatisiert	Hoch Automatisiert	Voll Automatisiert	Fahrerlos
BASt [6] (German)						-
NHTSA [9]	No Automation	Function-Specific Automation	Combined Function Automation	Limited Self-Driving Automation	Full Self-Driving Automation	

Quelle: Table 5.6: Overview of terms and categorisation of automated driving and parking functions; AdaptIVe –Deliverable 2.1: System Classification

This work was also supported by the European Commission under AdaptIVe, a large scale integrated project part of the FP7-ICT for Co-operative mobility. The authors would like to thank all partners within AdaptIVe for their cooperation and valuable contribution

Autorenverzeichnis

Prof. Dr. Dr. Eric Hilgendorf ist Inhaber des Lehrstuhls für Strafrecht, Strafprozessrecht, Rechtstheorie, Informationsrecht und Rechtsinformatik an der Universität Würzburg und leitet die Forschungsstelle RobotRecht. Seine derzeitigen Tätigkeitsschwerpunkte bilden das Technikrecht sowie das Medizin- und Biorecht.

Sven Hötitzsch, Diplom-Jurist, studierte an der Universität Würzburg Rechtswissenschaft. Derzeit arbeitet er als Wissenschaftlicher Mitarbeiter an der Forschungsstelle RobotRecht (Lehrstuhl Prof. Dr. Dr. Hilgendorf) und beschäftigt sich mit rechtlichen Fragestellungen im Bereich der Automatisierung von Fahrzeugen und industriellen Anlagen.

Bardia Kian, LL.M. (LSE), Diplom-Jurist, studierte Rechtswissenschaft an der Universität Regensburg, der University of Sheffield und der London School of Economics. Derzeit ist er Doktorand und Wissenschaftlicher Mitarbeiter am Lehrstuhl Prof. Dr. Jörg Fritzsche (Universität Regensburg) und beschäftigt sich mit Rechtsfragen der Informationsgesellschaft.

Prof. Dr. Thomas Klindt, Rechtsanwalt, ist Partner bei Noerr LLP. Er ist auf Produktsicherheits- und Produkthaftungsrecht spezialisiert. Zudem fungiert er als Global Chair Elect bei LexMundi, Overseas Correspondent der Australian Product Liability Reporter und lehrt als Honorarprofessor an der Universität Kassel.

Lennart S. Lutz, Diplom-Ingenieur und Diplom-Jurist, studierte Jura an der Ludwig-Maximilians-Universität und Maschinenbau an der TU München. Derzeit ist er Mitarbeiter sowie Doktorand an der Forschungsstelle RobotRecht der Universität Würzburg. Er ist Autor zahlreicher Publikationen zu Rechtsfragen der zunehmenden Fahrzeugautomatisierung.

Ralf-Roland Schmidt-Cotta ist seit 1996 als Rechtsanwalt bei der Continental Automotive GmbH mit rechtlichen und politischen Fragen der Unfalldatenspeicherung befaßt. 2004 - 2009 leitete er die von der EU-Kommission angestoßenen VERONICA-Projekte I und II. Darüber hinaus hat er sich in zahlreichen Vorträgen und Fachartikeln zu diesem Thema geäußert.

Dr. Martin Stadler leitet in der Hauptverwaltung der Allianz Versicherungs-AG in München im Fachstab Privat den Bereich Grundsatzfragen und Branchenrecht. Herr Dr. Stadler ist an mehreren Veröffentlichungen beteiligt, u.a. kommentiert er mehrere Abschnitte im Stiefel/Maier, AKB Kommentar.

Dr. Alexander Tettenborn, LL.M (USA), Jurist, studierte an der Universität Mainz Rechtswissenschaften und machte seinen Master an der University of Virginia. Derzeit leitet er das Referat »Entwicklung konvergenter IKT« im Bundesministerium für Wirtschaft und Energie und befasst sich dort mit FuE-Themen wie Cloud Computing, Big Data, Industrie 4.0.

Walther Wachenfeld, Diplom-Ingenieur, studierte Elektrotechnik und Informationstechnik an der Technischen Universität Darmstadt. Derzeit ist er Wissenschaftlicher Mitarbeiter sowie Doktorand am Fachgebiet Fahrzeugtechnik der TU Darmstadt und beschäftigt sich mit dem Sicherheitsnachweis höher automatisierter Fahrzeuge für den öffentlichen Straßenverkehr.

Professor Dr. rer. nat. Hermann Winner leitet seit 2002 das Fachgebiet Fahrzeugtechnik an der Technischen Universität Darmstadt. Fahrerassistenz und Automatisierung von Fahrfunktionen stehen seit mehr als 25 Jahren im Fokus seiner Tätigkeit, zunächst bei der Robert Bosch GmbH und später als Professor für Fahrzeugtechnik.

Dr. Dirk Wisselmann studierte Allgemeinen Maschinenbau an der RWTH Aachen. Derzeit leitet er das Projekt »Hochautomatisiertes Fahren« bei der BMW Group in München.

Sachregister